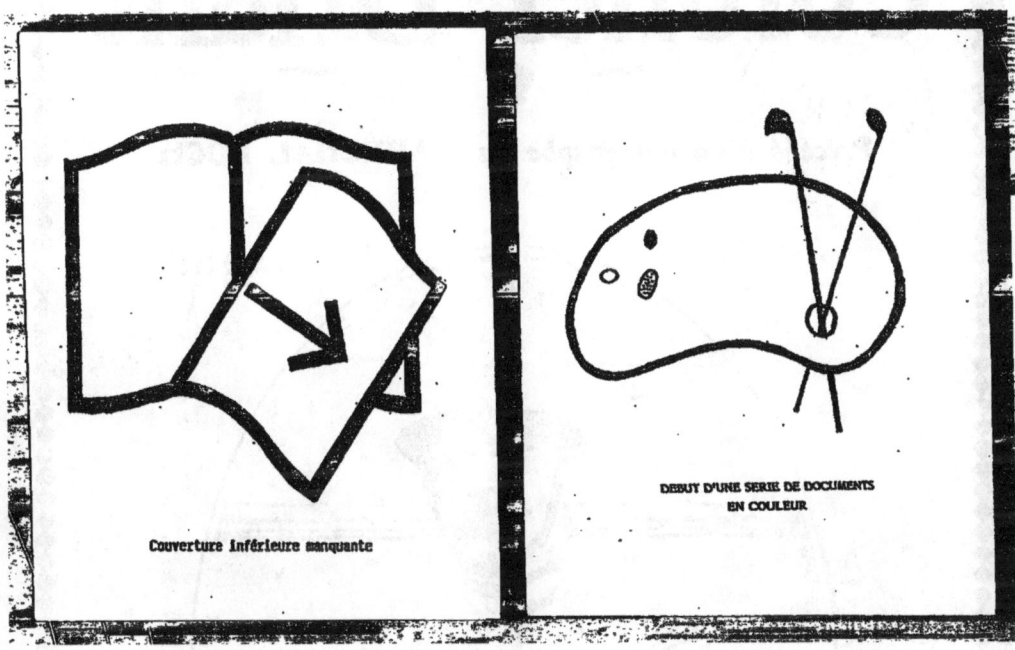

Couverture inférieure manquante

DEBUT D'UNE SERIE DE DOCUMENTS EN COULEUR

Gaston Jollivet

Le Colonel Driant

Précédé d'un autographe du MARÉCHAL FOCH

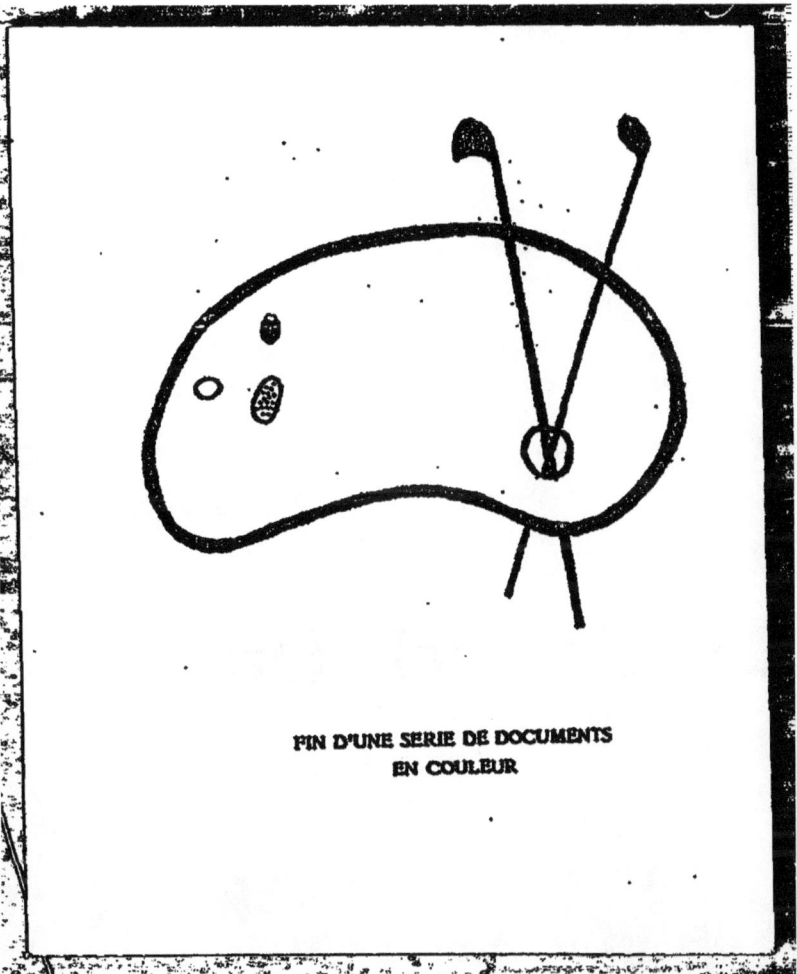

FIN D'UNE SERIE DE DOCUMENTS
EN COULEUR

Le Colonel Driant

Dyjault aurait été un remarquable officier. Rendu à la vie civile et lancé dans la carrière politique il montre ce qui fait la base d'une nature militaire d'élite: une âme de patriote. Aux epreuves de son pays il répond en payant de l'épée. Aux épreuves de ses troupes, il paye de la mort. Sa mort eu est l'éclat. Qu'eût-ce peu là une vie et un exemple!

Le 25.9.18

F. Foch

Gaston JOLLIVET

Le Colonel Driant

PARIS
LIBRAIRIE DELAGRAVE
15, RUE SOUFFLOT, 15

1918

Tous droits de reproduction, de traduction et d'adaptation
réservés pour tous pays.

Copyright by Librairie Delagrave, 1918.

CHAPITRE PREMIER

L'enfance. — Le Grand-père qui a vu le Grand homme. — Le lycée de Reims. — *Intelligent mais dissipé.* — La réception à Saint-Cyr. — *Les ciseaux du coiffeur.* — Les brimades des anciens. — La salade de bottes. — Le « melon » dans la salle d'étude. — Sorti de Saint-Cyr comme sergent-major.

Son enfance?

Emile Driant est né le 11 septembre 1855, à Neufchâtel, petit village du département de l'Aisne, cette région de France taillée par la nature, nous le savons de reste aujourd'hui, en territoire de guerre, où le nom de chaque bourgade semble résonner comme un nom de combat. Son père avait l'humeur peu batailleuse, ainsi qu'il convient à un magistrat. En revanche il se souvenait que sa mère l'endormait quelquefois avec une chanson encore à la mode en ce temps-là, où il est parlé de l'avenir réservé aux marmots :

> Et maintenant, sur mes genoux,
> Beau général, endormez-vous!

Du côté paternel l'esprit de guerre avait sauté une génération. « Mon enfance, écrira plus tard

Danrit, anagramme et pseudonyme de Driant, fut bercée par les souvenirs du premier Empire et de ses gloires. » Son grand-père, à l'âge de quinze ans, « avait vu le « Petit Tondu » passer à cheval dans la rue de Vesle, à Reims, calme sur son cheval blanc, alors qu'autour de lui se massaient les armées prussiennes, autrichiennes et russes. Un autre jour, il avait osé toucher à la dérobée, à Laon, la redingote grise, tout humide encore d'une nuit passée au bivouac au milieu de la Garde ». Cet aïeul fut, pour son petit-fils, ce qu'a été le Flambeau de *l'Aiglon*, pour Napoléon II. Il lui mit en mains les premières cartes du grand itinéraire de l'épopée napoléonienne « du Caire à Vilna ». L'enfant s'échauffait aux noms d'Austerlitz, d'Iéna; il voyait flamboyer des panaches de maréchaux caracolant à la suite de l'homme du Destin; il avait, à certaines évocations maudites de batailles perdues ou de généraux traîtres à « son Empereur », des rages muettes qui le faisaient, petits poings serrés, pleurer lamentablement sur ses soldats de plomb.

Dix ans. Le collège !

Le lycée de Reims d'alors n'était pas l'ergastule universitaire qu'évita à Victor Hugo la tendresse inquiète de sa mère, la geôle qui offre aux enfants

Ivres de volupté, d'air, de joie et de roses,
Ses bancs de chêne noirs, ses longs dortoirs moroses
Ses salles qu'on verrouille et qu'à tous les piliers
Sculpte avec un vieux clou l'ennui des écoliers.

Le Collège de Reims méritait presque son nom : de *Collège de Bons enfants* : *Collegium bonorum puerorum.* L'entrée en était vilaine, à moitié gaie pourtant avec sa cour où se dressait une cariatide portant deux figurines sculptées représentant un Jean qui pleure et un Jean qui rit, Jean qui pleure parce qu'il entre au collège, Jean qui rit parce que c'est son jour de sortie. Le petit Emile n'a pas été un Jean qui pleure; car il ne fut pas un de ces souffre-douleurs qui font plus tard tant de révoltés contre tous les jougs, à commencer par le service militaire. Souple et râblé dans sa taille un peu au-dessous de la moyenne, prompt à dresser ses petits poings contre les chercheurs de querelles, il excitait l'admiration par sa supériorité dans tous les jeux comme dans tous les exercices du corps. Il fut de ceux qui savent réhabiliter aux yeux des proviseurs dédaigneux le prix de gymnastique.

Il eut d'autres prix. Si ses notes, dans l'ensemble, se résumèrent en cette formule : intelligent mais dissipé, dans l'ensemble aussi, il fut un bon élève, un des premiers de sa classe. En quatrième, onze récompenses pour le travail corrigent vingt-deux punitions pour la conduite. En rhétorique, sa « dissipation » ne l'empêche pas d'être le premier à l'examen semestriel avec un fort avantage. L'année d'après, une explosion de fulminate provoquée par lui en étude et qui aurait pu l'aveugler ne sera qu'un incident sans portée pour ses études. Une chose excellente se marque à son actif : le premier prix d'histoire et de géographie au concours général.

Enfin, le 14 octobre 1875, Driant, avec d'excellentes notes, surtout en géographie et en dessin, était reçu à notre grande école militaire. Ce fut une des plus grandes joies de sa vie ce rêve réalisé.

A quinze ans, il avait dit, avec une résolution simple, à son père :

« Je serai officier ! »

Le père se cabra d'abord :

« Tu sais bien que je voulais faire de toi un magistrat comme moi ! »

C'est que l'enfant qui rangeait et dérangeait les soldats de plomb pour venger Waterloo a vu, dans ses vacances de 1870, à Neufchâtel, revenir les tristes débris d'une armée délabrée. C'est Sedan qu'il voudra venger maintenant.

« Pardonne-moi, papa, je t'en prie ; mais laisse-moi tâcher d'entrer à Saint-Cyr. »

Emile s'obstina ; mais pour faire plaisir à son père il passa sa licence ès lettres et sa licence en droit et n'entra à Saint-Cyr qu'à la limite d'âge.

*
* *

Dans le Saint-Cyr de 1875, la mentalité — pour employer un terme dont il est peut-être fait abus — n'était pas la même que dix ans auparavant, à l'heure où « Français », rimait si gaiement avec « succès ». Le souvenir récent encore de l'Année terrible plissait souvent les jeunes fronts. Mais on était jeune, on avait cette joie de vivre qui fait si aisément bon marché de la vie. Et puis un futur soldat n'engendre pas la mélancolie dès qu'il lui paraît que la victoire lui sourira quand même. Or le Français « revanchard » d'alors avait confiance dans la loi de cinq ans qui venait d'être votée, et il lui plaisait que celui qui l'avait fait voter, comme chef du pays, fût Mac Mahon, un soldat voué à l'armée uniquement, embrouillant peut-être dans la conversation les noms de ses ministres civils, jamais ceux de ses généraux.

*
* *

Driant aimera plus tard à se rappeler les débuts de son noviciat militaire.

La première figure qui surgit devant lui est celle du coiffeur, dénommé le capitaine Bull, dont les actifs ciseaux transforment une tête « en une véritable coquille d'œuf ». Puis c'est le personnel *ad hoc* des mains duquel il « touche » tout le fourniment de rigueur, depuis les lourdes et larges demi-bottes jusqu'aux vêtements de treillis baptisés effets d'*àstique*, et qui permettent au Saint-Cyrien tous les nettoyages sans salir les vêtements en drap. Il garde le souvenir des quinze paires de chaussettes, des quatre bonnets de coton, du pompon et du plumet dans son étui et de la paire d'épaulettes en laine écarlate.

« Mossieu, voulez-vous me faire le plaisir de sauter en l'honneur de cet officier. »

C'est à Driant que le discours s'adresse. Et l'officier qui se désigne à lui — un grand diable moustachu — (Driant, nous le savons, n'est pas tout à fait de taille moyenne) allume une cigarette. Le « melon » sait, bien entendu, que c'est la brimade, la fâcheuse brimade ordonnée par un « ancien », il s'exécute. Mais après avoir sauté une fois, deux fois, trois fois... dix fois, il croit avoir le droit de s'arrêter et de souffler.

« Melon saumâtre et gallipoteux, tonne l'ancien,

croyez-vous avoir atteint votre coefficient maximum...? Recommencez ! »

Un roulement de tambour épargne au patient de nouveaux sauts qui finiraient par devenir périlleux pour son diaphragme, mais il n'a pas le temps de reconquérir longuement sa respiration. Un cri étrange le secoue.....

« Salade de bottes (1) ! »

Et sur un ordre donné, de tous côtés, avec une hâte fébrile, les recrues, entassées dans l'étroit espace d'un angle de cour, se déchaussent et bientôt une sérieuse pyramide de bottes s'élève contre le mur.

Pour la « salade de bottes », le moment a été traîtreusement choisi à dessein. A peine la pyramide est-elle terminée qu'un roulement de tambour annonce la fin de la récréation ; trois minutes après un autre roulement indiquera le commencement de l'étude. Il faut que, dans ce court laps de temps chaque déchaussé retrouve son bien dans cet obélisque de chaussures.

D'autant que pour rendre la recherche moins commode, deux féroces « fines galettes » mêlent, à grands coups de pied, les cinquante ou soixante paires de bottes rassemblées.

« Allumez ! allumez ! les hommes !... » crient les anciens en se dispersant pour remonter à temps, car les terribles adjudants les guettent, tandis que dans la cour, les infortunés melons se bousculent, cherchent, essayent, rejettent des bottes qui leur sont ou trop petites ou trop grandes, appellent à grands cris les numéros gravés sur les tiges (les

---

(1) Capitaine Danrit, *Petit Marsouin*. 2 vol., chez Delagrave.

« tricules » comme on les nomme) et s'efforcent de distinguer leur bien de celui de leurs petits « côs » (camarades).

Hélas ! le deuxième roulement éclate ; l'heure n'est plus aux recherches et c'est au petit bonheur que les recrues cueillent dans le tas ce qui leur tombe sous la main. Un charançon tombe sur une botte de sept lieues derrière laquelle il pourrait s'abriter tout entier et un grand escogriffe ramasse une chaussure de lilliputien... et deux jours se passeront avant que l'ordre se soit rétabli... à la base peut-on dire.

Plus encore que dans la cour, c'est au dortoir que sévit la brimade. Anciens et recrues ont bien des chambrées différentes ; mais allez donc empêcher quelque « fine galette » (cette appellation désigne les derniers d'une promotion) d'échapper à la surveillance des « bas-off » (adjudants) et de traverser « en coup de vent » le dortoir des melons.

Une minute a suffi pour que, sur le sol, gisent dans un inextricable fouillis, lits et paquetages, effets de grand et petit équipements, tables et bancs ; heureux encore quand l'ancien n'a pas profité, pour passer en tempête, du jour et de l'instant où sur les lits bien ordonnés, les fusils démontés attendent une revue de détail, auquel cas toutes les pièces de toutes les armes mêlées ensemble constitueront une omelette dont les éléments primitifs ne seront, séparés d'abord du tout, réunis, qu'au bout peut-être d'une semaine de recherches et d'angoisses.

La brimade Saint-Cyrienne est morte de sa belle mort ; elle ne paraît même pas avoir été regrettée par les melons passés anciens qui, l'année où elle fut supprimée, purent se considérer comme volés de leur revanche, à la rentrée.

Le « triomphe » les consola en partie.

« Il y avait triomphe lorsque, dans le tir au canon, qui s'effectuait alors sur le polygone de l'Ecole — aujourd'hui c'est au camp de Châlons qu'il s'exécute à cause de la grande portée des pièces, — un ancien avait eu l'adresse — ou la chance — de placer une bombe en plein but. Les élèves présents à la batterie à ce moment accouraient aussitôt dans la cour Wagram pour y annoncer la bonne nouvelle et, immédiatement, tous les exercices étaient suspendus ; l'animation régnait, un vent de gaîté soufflait partout.

« Tout d'abord, le « Père Système », c'est-à-dire l'élève de la promotion des anciens qui avait le matricule le plus bas, grimpait aux salles de police et sommait le sergent de garde de lâcher ses prisonniers ; puis les recrues, rapidement travesties au moyen de toiles de tentes, de plumets, de papier de couleur et de toutes les parties de l'équipement mises à contribution, formaient la haie dans la cour et, armés de branchages, attendaient le triomphateur.

« Bientôt, venant du polygone, celui-ci arrivait devant la porte fermée de la cour. Il allait, assis sur un affût de canon décoré de verdure et que traînaient quatre chevaux. Toute la promotion des anciens suivait, conduite par le Père Système.

« Les tambours et les clairons marchaient en tête du cortège, précédés par le tambour-major. Celui-ci frappait du pommeau de sa canne la porte de la cour.

« Qui vive ? » criait-on de l'intérieur.

« Triomphe ! » répondait le tambour-major.

« A cette réponse, la porte s'ouvrait à deux battants, et, aux accents de la *Saint-Cyrienne*, la promotion des anciens franchissait le seuil.

« Le char triomphal passait entre la haie des recrues poussant des hourras frénétiques et s'arrêtait devant le général commandant l'École qui attendait, entouré de tout l'Etat-major, et à qui le Père Système adressait un discours de circonstance.

« Le triomphateur recevait alors les félicitations du général qui annonçait la levée des punitions, nouvelle accueillie, comme bien on pense, par d'enthousiastes acclamations.

« Aussitôt après le dîner, un bal était organisé dans le fond de la cour; des lanternes vénitiennes accrochées aux arbres illuminaient le décor; une fanfare s'improvisait à l'aide d'artistes inconnus et d'instruments tombés on ne sait d'où et la fête se prolongeait jusqu'à dix heures, aux accords d'une musique enragée (1). »

Fini de rire pour le melon dès qu'il franchit la salle d'étude. La vue d'un tableau suspendu contre un panneau arrête son regard. Quand il en embrasse un à un les détails, il voit dans une grande plaine, morne et solitaire, fermée au loin par des collines rougeâtres et limitée à droite par une lisière de bois, un vieil homme, chauve et ridé, penché sur une fosse qu'il vient de creuser; il en retire des

(1) Capitaine Danrit, Ouvrage cité

ossements qu'il place dans un coffret garni d'un drap blanc. A côté une épaulette d'or.

Non loin de là, une veuve pleure, la tête courbée ; un jeune homme à la physionomie énergique et fière, un Saint-Cyrien aux épaulettes rouges soutient sa mère, l'entoure de ses bras. Au bas du cadre d'or, la légende traduite de Virgile :

« Une postérité vengeresse sortira de vos os »

Des stimulants comme ceux-là agiront profondément sur les âmes généreuses. Driant ne fut pas à Saint-Cyr le collégien dissipé de Reims. Plus tard il blaguera peut-être tel professeur grinchu, tel camarade mauvais coucheur, mais il aimera toute sa vie la vieille maison pour avoir développé chez lui tous ses bons instincts, toutes ses facultés de labeur et il aimait à se rappeler que son père le jour où il le vit sortir quatrième sur quatre cents élèves — il n'avait été reçu que dans un rang passable — le soir, au dîner de famille, s'était réjoui tout haut de ce que ce triomphateur ait rebroussé chemin à l'Ecole de Droit, et que le vieux magistrat avait pris goût dorénavant aux choses de guerre.

CHAPITRE II

Sous-lieutenant à Compiègne (1877) — Le fantassin français dans le passé et dans le présent. — Les débuts dans le métier avec le service de cinq ans. — Lieutenant au 43ᵉ d'infanterie en 1893. — Au pays des Khroumirs. — Ce que pensent de lui le général Schmitz et le gouverneur militaire dont il sera l'officier d'ordonnance.

Son rang de sortie de l'Ecole donne à Driant le droit de s'aiguiller vers l'Etat-major. La cavalerie pouvait aussi l'attirer. Toutes ses notes, à partir du grade où il sera monté, le désignent comme un très bon cavalier. Seule pourtant l'infanterie le tente. Sa volonté sur ce point est aussi fermement arrêtée que celle de son camarade de Maud'huy qui écrira plus tard :

« Seuls les peuples possédant une bonne infanterie ont pu avoir des succès durables, à condition que l'armée y soit nationale. La phalange grecque assure la liberté hellénique et donne à la Grèce la domination de l'Asie. La légion romaine conquiert le monde. Au moyen âge, dès qu'un peuple indépendant se forme, l'infanterie apparaît victorieuse, en Flandre, à Courtrai, Cassel, Mons-en-Puelle. Le premier peuple vraiment libre qui surgit dans l'histoire après la chute de Rome, le peuple suisse, offre à l'Histoire les soldats de Granson, de Murat, de Novare. Plus tard le patriotisme insulaire enfante les archers anglais. La longue lutte du peuple espagnol contre les Arabes rend redoutable l'infanterie d'Espagne célébrée par Bossuet. En France, c'est du mouvement communal des XIIe et XIIIe siècles que sort Bouvines. Mais l'idée de patrie n'est pas encore vivace dans l'ancienne monarchie, bien que cette dernière formelement la nation. Les discordes religieuses les guerres civiles l'ajournent. Les mercenaires sont trop nombreux, jusqu'en 1789, sous nos drapeaux, pendant qu'un recrutement national assure un Rosbach aux armées de Frédéric II.

« Mais laissez faire le soldat-citoyen de la Révolution et pendant quinze ans le fantassin français gagnera victoires sur victoires « avec ses jambes », ainsi qu'a dit l'un d'eux, « ses jambes qui le porteront pendant vingt ans, du Tage au Rhin, de Varsovie à Rome (1). »

Puis c'est le grand arrêt qui suit 1815. Trente ans et plus de paix pour le reste de l'Europe, quinze seulement pour nos fantassins. Et encore quelques uns franchissent les Pyrénées pour la promenade en Espagne de 1820. 1830, c'est la délivrance de la Belgique, la première ! A quand la seconde ? En même temps, c'est l'Algérie à conquérir. Tous « pousse-cailloux » les grands chefs d'Isly, de Constantine, de partout, les Bugeaud, les Clauzel, les Gérard, les d'Aumale, et ensuite les Youssouf, les

---

(1) Général de Maud'huy. *Infanterie*, 1 vol., chez Charles Lavauzelle.

Canrobert, les Forey, les Bosquet et Mac-Mahon, ce patricien de vieille souche qui fit observer plus tard à une élégante Parisienne désolée d'apprendre que son fils n'a pas pu sortir dans la cavalerie « arme plus chic » : « J'ai été sous-lieutenant d'infanterie, Madame ! »

1854, c'est le retour à la grande guerre. En Crimée, dans une lutte de mine et de sape, devant un Grand Redan ou un Malakoff, l'infanterie fait aussi belle besogne que l'artillerie et le génie. C'est elle qui sauvera les héroïques cavaliers anglais de Balaklava et d'Inkermann. Vienne la campagne d'Italie, elle reste la reine, jamais détrônée, des batailles !

Le fantassin Driant s'est enivré de ces fastes du pousse-cailloux, mais pas au point d'en perdre la tête. Son équité n'octroiera jamais je ne sais quel protocole de faveur à son arme de prédilection.

Pour le moment d'ailleurs il ne demande qu'à être le sous-lieutenant soucieux d'avoir de bonnes notes dès sa première garnison.

Celle-ci s'appelle Compiègne.

Pourquoi, ayant le droit d'opter de par son rang de sortie, a-t-il choisi cette ancienne résidence impériale ? Un peu parce qu'il sait devoir y retrouver des camarades très chers à son cœur, un peu à cause de la proximité de Paris, beaucoup parce que ce bon cavalier s'est logé à deux foulées de galop de la grande forêt où résonne pendant la belle saison — c'est-à-dire l'hiver — le cor des équipages de L'Aigle et de Chazelles. Puis, toute la population est accueillante à l'armée, les hôtes des châteaux voisins, des villas de la ville et de Pierrefonds. Enfin Compiègne est, à cette époque, ce qu'est aujourd'hui Versailles, un lieu de retraite agréable pour officiers ayant fini leur temps. Ceux de l'ancienne garde impériale surtout, redevenus civils, retrouvent leurs habitudes du temps où ils étaient passés en revue par leur chef Bourbaki, « au chic exquis », comme disait la chanson de troupier. Le jeune sous-lieutenant aimera à causer avec eux des heures tristes, mais grandes, où leurs cœurs de patriotes et de soldats ont tant saigné.

Ni les tentations du voisinage de Paris, ni celles des plaisirs mondains mis à la portée du jeune homme n'influèrent fâcheusement sur les débuts de cette carrière. Driant fut tout de suite à la hauteur de devoirs qui veulent leur homme tout entier. Déjà exagérée du temps de Stendhal, la définition du métier d'officier « se brosser et attendre » devient incompréhensible au lendemain de 1871. Une fièvre de travail échauffa les jeunes officiers. Il y avait tant à faire et à refaire sous l'œil des chefs que ceux-là restèrent l'exception qui ne prirent des devoirs réglementaires que l'essentiel. Driant s'occupa activement du levé de la carte des environs de Compiègne. Il reçut à ce sujet une lettre ministérielle d'éloges.

La nouvelle loi sur le service obligatoire commençait d'être appliquée, décrétant, entre autres nouveautés, le service à cinq ans. Les anciens officiers habitués aux sept ans avaient quelque peine à se plier ou à plier leurs hommes à cette transformation devenue la charte de l'armée. Souvent les ordres transmis par tel ou tel commandant ou colonel obligé de désapprendre ce qu'il avait appris et quelquefois enseigné, manquait de clarté ou de concordance au cours de cette période de tâtonnement.

Driant se donna la peine de déchiffrer dans une instruction verbale ou orale la pensée quelquefois latente du commandement. Puis c'est un arrêt dans son activité : une maladie d'yeux le condamne à un traitement au Val-de-Grâce, il revient à peine guéri et l'on peut craindre pour lui une rechute. Si on lui donnait du repos ? « Qu'il fasse son service comme il voudra, écrit son colonel (25 octobre 1880). Je me porte garant de cet excellent officier. » Ce colonel ne s'avance pas trop. A peu de semaines de là, le capitaine dira : « Les expressions manquent pour caractériser le sous-lieutenant Driant. Voilà deux ans que je ne taris pas d'éloges sur son compte ; il les mérite de plus en plus. Il a droit à tous les avancements hors tour et il saura les justifier. »

De pareils témoignages non moins expressifs le suivent à Saint-Mihiel où il est détaché. « Digne de toutes les faveurs », dit de lui (1ᵉʳ semestre 1881) le lieutenant-colonel Brisseaud.

En 1883, Driant passe lieutenant au 43ᵉ : première satisfaction. Le régiment est désigné pour la Tunisie : seconde joie pour un homme dont les visions d'Orient hantent la jeune tête.

Il débarque à Tunis prêt à croire à la réalité de cette fiction : Les Khroumirs. Le jour où il met le pied dans la caserne du 43ᵉ de ligne il apprend qu'il ne faut plus compter même sur une apparence de conflit armé. Ce qui s'appela l'expédition de Tunisie a pris fin par l'occupation très peu disputée de tous les points stratégiques, y compris le plus abordable, le palais d'un bey accommodant.

Qu'est-ce qui reste à faire au lieutenant ? Se renseigner de son mieux sur l'expédition dont il ne fut pas, en vue de faire bonne figure dans celle dont il espère être, si la chance le veut. Si peu meurtrière, qu'eût été cette campagne du fait de l'ennemi, elle nous coûta des pertes sensibles par l'insuffisance du service sanitaire. Driant vit sur place des défectuosités dont il se souvint plus tard quand il aborda à la tribune et dans la presse les questions touchant à l'hygiène de l'armée. Il se consola ensuite assez vite de n'avoir pas vu, lui aussi, de Khroumirs, en explorant le pays de ces fantômes et leurs entours. Mais ce fut moins comme touriste qu'en service commandé. Dès le 11 juin 1881 une dépêche ministérielle lui envoya l'ordre de donner sa part de travail profitable dans l'œuvre d'études de la mission topographique en Tunisie.

Quatre mois ne s'étaient pas écoulés que le colonel du 43ᵉ écrivait : « Le lieutenant Driant a justifié pleinement sa réputation d'officier modèle qui l'a accompagné depuis sa sortie de l'École militaire ».

Bref c'est, sous la plume de tous ses chefs, une surenchère d'éloges qui se caractérise dans cette lettre reçue le 23 mars 1883 par le général de division Guyot-Vernier.

« Mon cher ami, je me permets de vous adresser le lieutenant Driant qui rejoint le 43ᵉ de ligne, à Sousse ou environs : c'est un jeune officier d'un mérite absolument hors ligne, d'une modestie, d'une attitude exemplaire, sorti le quatrième de Saint-Cyr ; je ne connais aucune qualité qui lui fasse défaut ; ce serait un véritable cadeau à faire à un officier général que de le lui donner comme officier d'ordonnance. Il ne faut rien moins que l'expression de ce qui précède pour que je prenne le parti de vous le signaler ; il n'est ni mon parent, ni mon allié ; ce n'est qu'en le voyant servir que j'ai pris un vif attachement pour lui. Tout ce que vous ferez sera bien résolu et bien fait.

« Votre bien affectionné,
« Schmitz. »

Le général Schmitz n'était autre que l'ancien chef d'état-major de Trochu pendant le siège. Les Parisiens d'alors ne l'ont connu que par les initiales P. O. mis au bas de communiqués généralement peu réconfortants dont les petits journaux se consolaient un peu en traduisant le P. O, c'est-à-dire : Par ordre, par : *Paul Oscar*. Schmitz fut le premier à rire du double prénom dont Paris le gratifia. C'était un homme d'esprit, très à sa place au milieu d'autres hommes d'esprit comme les Goncourt, Paul de Saint-Victor, Arsène et Henry Houssaye, qu'il retrouvait deux fois par mois au dîner des *Spartiates*. Il laissa dans la mémoire des convives de ces réunions la réputation d'un subtil connaisseur des hommes et des choses de l'armée. Ses pairs avaient de lui la même opinion. Aussi quand un nouveau commandant de corps d'armée arrive à Tunis et s'adresse au général Guyot-Vernier pour lui désigner un officier d'ordonnance, le général Guyot-Vernier prend comme caution le général Schmitz pour indiquer le lieutenant Driant. Le nouveau commandant de corps d'armée fait donc venir celui-ci au Palais de la Division, et lui annonce qu'il le veut auprès de lui. Driant prend le jour même possession de son poste et y impose son mérite, les jours et les mois suivants, de façon à pouvoir écrire aux siens le 17 septembre 1885 :

« Chers parents, je viens de voir pour la première fois les notes que me met le général sur la feuille d'inspection générale. Je les ai vues, bien que cela ne doive pas se faire, et grâce à l'obligeance du capitaine d'Etat-major qui réunit tout le travail d'inspection. Cette fois, je suis fixé ; après ce qu'il a mis là, ne sachant pas que je le verrais, et surtout au bout de 18 mois de vie en commun, il ne peut pas me laisser là. C'est tout ce que je pouvais désirer de mieux. Les voici telles que ma mémoire me les sert puisque je viens de les lire : « M. Driant
« est sorti n° 4 de Saint-Cyr et n° 2 de l'Ecole de tir.
« Je ne le connaissais pas lorsque je le pris à Tunis
« comme officier d'ordonnance sur le vu de ses
« notes qui sont extraordinairement belles. Je ne
« puis que me féliciter chaque jour du choix que
« j'ai fait ; il me rend les plus grands services.
« Petit, mais solide, santé à toute épreuve, très ac-
« tif et toujours prêt ; monte fort bien à cheval et a
« un goût très prononcé pour l'équitation ; très
« intelligent, a devant lui le plus bel avenir. J'in-
« siste d'une façon toute spéciale pour qu'il figure
« cette année au tableau pour le grade de capi-
« taine. »

Suivait la signature du rédacteur des notes. Driant la communiqua, bien entendu, à ses parents, mais ceux-ci se hâtèrent probablement de l'oublier. Qu'est-ce que pour eux, comme pour des millions de Français, pouvait avoir d'intéressant les trois syllabes de ce nom : Boulanger ?

CHAPITRE III

La carrière de Boulanger passée en revue par son officier d'ordonnance. — Ce qu'ils se disent dans l'Enfida. — La dépêche de M. de Freycinet, président du Conseil.

Pour le petit lieutenant, ce nom sans panache disait beaucoup. D'abord, il est porté par le plus jeune divisionnaire de l'armée. Pendant ses deux années de Saint-Cyr, la tradition orale transmise à l'Ecole lui a tracé l'image brillante d'un capitaine nouvellement nommé instructeur entrant un beau matin dans le Grand Carré. Il marchait péniblement et l'on savait que c'était à la suite d'une balle reçue dans les entrailles à Turbigo. Il était maigre, pâle et l'on savait que les fièvres et le soleil de la Kabylie et de la Cochinchine avaient altéré sa robuste complexion de Breton mâtiné d'Anglais. Et Driant comprend l'emballement de ses anciens pour leur capitaine instructeur de 1868, et il s'emballera à son tour pour celui qui peut montrer ces états de service, son temps de capitaine instructeur fini :

En 1870, siège de Paris, comme lieutenant-colonel; le 9 novembre, blessé à Champigny et officier de la Légion d'honneur. Promu extraordinairement colonel. D'assiégé devenu assiégeant contre la Commune, enlève des barricades à Cachan et à Bourg-la-Reine, prend la gare Montparnasse. Blessé une fois encore, rue Lhomond. Rétrogradé lieutenant-colonel, après la guerre, lors de la révision des grades, mais le 15 novembre 1874, rattrapant son sixième galon, il prend le commandement du régiment d'infanterie de Besançon, sous les ordres du duc d'Aumale. Entre temps, promu commandeur dans la Légion d'honneur. En 1880, à quarante-trois ans, général, va commander à Valence une brigade de cavalerie. En 1881, part pour les Etats-Unis, à la tête de la mission militaire qui va représenter la France aux fêtes du Centenaire de l'Indépendance américaine. En 1882, comme directeur de l'infanterie au Ministère de la Guerre, réorganise La Flèche et Saint-Maixent. Enfin, le 18 février 1884, divisionnaire et gouverneur général de la Tunisie, dans un poste d'attente.

L'attente de quoi? Driant ne se le demande pas encore avec insistance. Il est tout entier à ses nouvelles fonctions. L'officier d'ordonnance, a dit jadis un officier — de mauvaise humeur pour n'avoir pas obtenu cet emploi de ses facultés — est l'ordonnance de choix, le mot *ordonnance* étant pris dans le sens de *planton*. Driant se montra tout de suite apte à un autre rôle que celui de désigner et de préparer les logements de son chef. En moins d'un mois, il était devenu son indispensable compagnon, chevauchant à ses côtés dans la brousse de l'Enfida. Tout en faisant lever une hyène ou un chacal, il recueillait de la bouche du « patron » les instructions concernant le travail de l'après-midi... Et puis, on causait, on causait. Le gouvernement militaire de la Tunisie n'impliquant pas de grandes complications d'écriture et Boulanger se réservant à lui-même la rédaction des lettres acerbes adressées au résident général, M. Jules Cambon, Driant avait tout le temps de tirer de son chef les récits de ses faits d'armes passés, gage de ceux de demain. Il les écoutait avidement. Il avait sur les lèvres le « Encore ! encore ! » des enfants. Il voudrait tant être de ceux de demain. Mais l'occasion ? Quelle pitié que ces Arabes, croisés tout à l'heure par lui entre deux lentisques, n'aient pas le sang indompté des Abd-El-Kader et des Bou-Amema ! Il ose tâter le général sur des projets où il y aurait de la marge pour des mises à l'ordre du jour. Est-ce que les Touaregs n'ont pas pillé, l'autre nuit, une caravane au sud de Gabès ? Est-ce que, une fois le désert purgé de ces brigands, une colonne, deux au besoin, ne pourraient pas se lancer à la poursuite des hordes dispersées, plus loin... plus loin encore vers l'est... toujours plus loin. Il est si vaste ce désert et l'Égypte est si proche !

Boulanger hochait la tête, silencieux. Un jour, comme ils rentraient au Palais du gouvernement, Driant pensa tout haut :

— « Ah ! si nous avions seulement un ministre de la Guerre entreprenant ! »

Ils sont arrivés à destination et mettent pied à terre.. Un planton tend un pli à Boulanger qui décachète, lit le message et, sans un mot, le passe à Driant. La dépêche annonce au général que M. de Freycinet, président du Conseil, le prie d'accepter le poste de ministre de la Guerre.

« Ça vous va-t-il de venir avec moi ? »

Si ça lui va !

A peu de jours de là, le paquebot de France emportait en même temps que Boulanger et sa famille, composée de Mme Boulanger et de leurs deux fillettes, Hélène et Marcelle, les destinées incertaines du Général et de son officier d'ordonnance et, secondairement, celles de *Tunis*, le cheval noir, couleur porte-bonheur, disait de lui son maître, la couleur pourtant de la bête difficile qui, à l'Orangerie de Saint-Cloud, le jour de Brumaire, faillit désarçonner Bonaparte.

CHAPITRE IV

La journée de Driant, officier d'ordonnance du ministre de la Guerre. — Boulanger devant les pouvoirs publics. — La conquête graduelle de Paris. — L'affaire Schnœbelé. — Boulanger envoyé au XIIIe corps.

A Paris, installation hâtive à l'hôtel et tout de suite au travail. Et quel travail ! « Le jour où je suis le plus pris, écrit-il à un ami, c'est le dimanche, jour de repos. » C'est en effet le jour où il peut, du matin au soir, colliger, classer des procès-verbaux de séances de commissions du Parlement, des rapports de commandements d'armées, et surtout mettre au point les notes écrites et aussi les observations brèves qu'à tout moment lui jette son chef verbalement, car Boulanger n'aime pas les paperasses. Le tout concerne la grande affaire du ministre et de la France, la substitution de la loi de trois ans à la loi de cinq ans. Donc, très peu de soirées au théâtre, très peu de dîners en ville prolongés, juste le loisir de s'en aller faire faire de grand matin quelques foulées de galop à son cheval au Bois de Boulogne pour rentrer vite au bureau du ministère dépouiller le courrier, en attendant le chef matinal, lui aussi ponctuel. Alors le défilé commence. L'officier d'ordonnance reçoit le flot des militaires comme des civils, tant ceux qui ont demandé audience que ceux qui par leurs prérogatives spéciales ont le droit d'être reçus à toute heure le matin, en tête les sénateurs et les députés. Driant fait de son mieux pour que son ministre ne soit pas débordé ; il éconduit doucement les importuns, les importants ; octroie un tour de faveur aux rares personnages que le chef a intérêt à écouter ; donne de bonnes paroles à ceux que le ministre lui renvoie, et fournit le moins de renseignements possible aux curiosités du reportage. Midi est vite gagné.

Après un bref déjeuner, c'est la séance à la Chambre, les jours où elle siège ; autant dire, n'étaient les vacances d'été, à peu près tous les jours. Debout dans le petit coin d'hémicycle où se tolère la présence des chefs de cabinet et de quelques privilégiés, Driant, au cours des séances où son ministre a l'occasion d'intervenir, se plaît à l'entendre. Boulanger a la voix un peu sourde mais nette, il ne cherche pas ses mots. Toujours on l'écoute, moins peut-être pour ce qu'il dit d'utile à la Défense nationale que parce qu'il est l'homme en vedette et que, les députés, dès le matin, sont allés quérir à la questure le plus de billets possible pour les aspirantes aux séances sensationnelles.

Le soir, le chef et l'officier d'ordonnance se retrouvent en confiance, pour échanger leurs impressions, du jour et quelquefois des espérances, des visées.

Celles-là, à cette date, restent encore limitées au souci de faire figure de ministre de la guerre, tel qu'en ont peu connu avant lui la Monarchie, l'Empire, les trois Républiques, un chef de l'armée qui soit au premier plan dans le pays.

Qui s'en offusquera?

L'Elysée? Il a d'autres martels en tête. Si la vieille expérience parlementaire de M. Grévy fait de lui, dans certaines grandes occasions, un Président sachant présider réellement un conseil des ministres, sa paresse naturelle défend assez mollement les droit du pouvoir exécutif.

D'ailleurs son étoile baisse. Dans peu de mois, il pourra entendre, sous ses fenêtres, le refrain précurseur de sa chute: « Ah! quel malheur d'avoir un gendre! »

Le Sénat? N'est-il pas de plus en plus résigné à la platonique satisfaction d'être appelé « Chambre Haute » par l'ironie des journaux de la gauche extrême.

La Chambre? Plus jalouse de ses prérogatives celle-là. Laissera-t-elle au ministre de la Guerre ses coudées franches, le droit de présenter, sans avoir l'air de s'en excuser, un budget de guerre portant augmentation de crédits, à l'heure où l'Allemagne donne cet exemple. Boulanger a examiné le terrain. Ses amis radicaux lui ont fourni la lorgnette, M. Clémenceau le premier qui dit de lui volontiers : « C'est mon général ». Par eux, il connaît les groupements de partis d'une Assemblée élue, l'année précédente, au moyen du scrutin de liste. Favorisée au premier tour, la Droite a perdu, au second, une partie de ses avantages, grâce à la discipline républicaine. Actuellement elle ne peut exercer une action qu'à l'aide des divisions de ses adversaires, mais ceux-ci semblent avoir compris les leçons du scrutin et, pour le moment, l'union des gauches se groupe autour d'un ministère de coalition. Boulanger n'a pas de peine à discerner sur quels bancs il trouvera des adversaires irréductibles. Il y aura des modérés — les Méline, les Deschanel, les Ferry, les Constans — qui ne voient pas, sans un étonnement soupçonneux, l'ancien blessé de l'armée de l'ordre, aux jours de la Commune, frayer avec les députés des gauches accentuées qui viennent de donner l'accolade aux derniers proscrits retour de Nouméa ; ils n'aiment pas à lui savoir pour principal champion dans la presse, Rochefort. Tous les radicaux eux-mêmes ne viendront pas à lui. Les vieilles barbes de 1848 se réservent : les Madier de Montjau, les Nadaud prononcent tout bas, en le regardant à son banc, le nom de cet autre ministre de la guerre qui, la veille du 2 décembre, disait tout haut à un voisin en se levant de sa place : « Je vais chercher la garde ! » Les uns et les autres viennent de prendre fait et cause pour le gouverneur de Paris le général Saussier, avec lequel Boulanger a échangé des lettres dénuées d'aménité. Il faut désarmer tout ce monde-là. Cela demande peu de temps à sa souplesse et à son loyalisme.

Il s'agit maintenant de gagner le cœur du peuple parisien. Une difficulté se présente. Bien que ses père et mère après avoir quitté Rennes, puis Nantes, où ils étaient souvent les hôtes de leur fille, la comtesse de Kérambriec, femme d'un inspecteur en chef de la Marine, aient vite pris pied à Paris, et l'été à Ville-d'Avray, dans leur maison de campagne, Boulanger, du fait de ses campagnes lointaines, a peu de relations à Paris. Quel sera l'agent de liaison de Boulanger avec le peuple de Paris?

Il s'appellera Paul Déroulède.

« Je ne me rappelle plus où j'ai connu Déroulède, racontait un jour Driant, mais il a bien voulu me dire que nous étions faits pour nous être toujours connus. Pour ma part, j'avais été attiré invinciblement vers lui par tout ce que je savais de son passé, sa belle conduite pendant la guerre de 1870, son aventureuse évasion, sa campagne dans les neiges et la boue de l'Est, ses glorieuses blessures qui le forcèrent à quitter l'armée, pour continuer de la servir avec le plus noble et le plus touchant des dévouements, en se faisant son porte parole auprès de tous les ministres qui peuvent quelque chose pour elle. Ce Déroulède si généreux, si confiant, ayant cru à Gambetta au point de pleurer sa mort dans des stances émues, voulant croire maintenant à Freycinet ! »

Déroulède, avec sa fougue et sa belle humeur, se dévouait tout de suite au dernier qui lui parlait de la France. Boulanger eut vite sa foi. Il mit à son service sa connaissance étendue de ce grand Paris où cent mille bons Français s'étaient comptés sur son nom, dont il était à coup sûr un des enfants qui serrera le plus de mains amies en un jour, dans toutes les classes de la société. Par ses origines, il tenait à la haute bourgeoisie du Palais de Justice, où son père était universellement honoré. Neveu d'Emile Augier et lui-même poète vigoureux, auteur dramatique plus d'une fois applaudi, il avait ses grandes et petites entrées dans tout le monde littéraire qui ne confine pas à la bohème. Enfin, sa Ligue de Patriotes avait de chauds adhérents dans le prolétariat laborieux. L'ouvrier, l'employé, le petit commis de 1886, à l'exemple de la jeunesse des Ecoles, n'en était plus aux tristesses de la défaite. A ses yeux, après quinze ans de soins donnés à la « grande blessée » comme Thiers appela la France, la guérison était venue. La France était debout! Au faubourg Saint-Antoine, à Belleville, la Semaine Sanglante et les répressions qui l'ont suivie n'étaient plus qu'un souvenir. Notre vieux fonds d'esprit militaire se réveillait au son des clairons accompagnant le soldat partant pour la Tunisie ou le Tonkin. Les faits héroïques — et il n'en manqua pas — qui illustrèrent cette dernière campagne, popularisés par les correspondances des journaux, par l'imagerie, célébraient des noms d'enfants du peuple, rappelant les grands jours de la Révolution. Ce fut un événement que l'inauguration de la statue du sergent Bobillot, l'admirable soldat de Tuyen-Quan.

Boulanger sut toucher cette corde incomparablement. Le journalisme à son tour, exploitant ce nouveau courant de l'opinion, se créa rapidement une clientèle avide de connaître, par les interviews prises au ministre, par les propos de lui colportés, celui que le café-concert appelait déjà le « brave général ». En moins de six mois, la grande majorité de Paris ne s'occupe plus des civils au pouvoir. Qu'importe que pour la présidence du conseil M. Goblet succède à M. de Freycinet, dès que le ministre de la guerre reste rue Saint-Dominique.

C'est l'essentiel pour le patriote désintéressé qui escompte le profit que tirera l'armée du maintien de Boulanger; c'est l'essentiel aussi pour « l'homme dans la rue » (comme disent les Anglais) que la poignée de mains facile, le sourire engageant du général ont gagné et qui fait à son héros la réputation si enviable dans un pays égalitaire, de n'être pas un « poseur ».

Mais il ne suffit pas à Boulanger d'avoir été acclamé pour la façon magistrale dont il a passé la revue du 14 Juillet 1886, ni que le portrait de son cheval noir ait été exhibé à la première page des journaux illustrés, ni même d'avoir déposé depuis longtemps sur le bureau de la Chambre le projet, prêt pour la discussion, de reconstitution de l'armée; il faut qu'il prouve qu'il saura mener cette armée à la bataille, le jour où l'occasion se présenterait.

Elle se présente.

Le 21 avril 1887, le Quai d'Orsay reçoit, de source allemande, la nouvelle que M. Schnœbelé, commissaire de police français à Pagny-sur-Moselle, à la frontière, a été arrêté sur territoire allemand pour cause d'espionnage au profit de la France. Notre gouvernement fait une enquête d'où il résulte que Schnœbelé a été attiré dans un traquenard par Gautsch, commissaire de police allemand. La preuve en est fournie par une lettre où celui-ci donne à Schnœbelé un rendez-vous sur le territoire allemand. Cette lettre compromettante pour lui, Gautsch espérait rentrer en sa possession en même temps qu'en fouillant Schnœbelé il mettrait la main sur des documents présumés à Berlin nuisibles à l'Allemagne. Mais Schnœbelé, homme de précautions, avait laissé entre les mains de sa femme, la lettre, preuve écrasante contre son collègue allemand. Si bien armé qu'il fût pour répondre à la

Wilhelmstrasse, le quai d'Orsay eut besoin d'une impulsion ferme pour sortir de sa circonspection ordinaire vis-à-vis de la chancellerie allemande. Heureusement, il avait à sa tête un homme qui était à la fois un esprit ferme et un juriste en droit international qu'avaient exercé ses fonctions de conseiller d'Etat. Plus heureusement encore, Boulanger était là. Il y eut, entre M. Flourens et lui, une sorte de répétition de la fameuse soirée où Bismarck, après avoir consulté sur l'état de l'armée, Moltke et Roon, faussa la dépêche d'Ems. Rassuré, lui aussi, par Boulanger sur l'état de notre armée, M. Flourens tint à Berlin le langage qui convenait. Quelle anxiété dans tous les milieux politiques où l'on attendait la réponse de Berlin ! Combien de gens tenaient pour imprudente toute attitude qui ne méconnaîtrait pas peu ou prou nos droits, quitte à ce que nous sauvions plus ou moins élégamment la face. Quelle surprise lorsque, après plusieurs jours de réflexion, l'Allemagne accepta de mauvaise grâce. mais, en somme, accepta notre version, retira sa provocation, parut oublier ces élections d'Alsace-Lorraine de l'année précédente, où tous les candidats de la protestation avaient été élus, comme en 1871, où paysans et ouvriers, non contents d'envoyer au Reichstag des députés français de cœur, avaient mis dans l'urne le nom de celui qu'à l'établi comme à la ferme, ils appelaient le : « chénéral Poulancher » !

Ceux-là qui s'étonnèrent ignoraient que pour l'Allemagne, *la guerre*, selon le mot célèbre de Mirabeau, *est une industrie*. L'affaire Schnœbelé lui donna l'occasion de peser la chance qu'elle avait de fournir un inventaire satisfaisant de fin de campagne. Elle examina de près son doit et avoir : à son actif, une armée solide, se perfectionnant de jour en jour, le prestige des victoires passées, gage de celles de demain; à son passif, de l'autre côté de la frontière, l'inconnu. Sur l'armée française, ses attachés militaires et ses espions n'ont pas réuni ces données précises nécessaires à un calcul sérieux. Trop de prise reste encore à l'aléa. Il est impossible de ne pas compter à l'actif français une préparation de quinze années, un armement restauré, un fusil nouveau qui n'a pas d'égal, le lebel. Bismarck, enfin, dans son bilan, n'oublie pas davantage cet impondérable qui fera écrire plus tard par son disciple M. de Bulow, cautionnant Tocqueville : « Le peuple français n'est peut-être supérieur en rien, sinon dans la guerre » surtout commandé par des chefs comme Douay, Miribel, Jamont, Gallifet, Hervé et mené au feu par ce diable de ministre, à la voix duquel tout un peuple s'enflamme.

Le jour où l'affaire Schnœbelé fut classée, ceux qui, la veille, encore jugeaient puéril l'enthousiasme pour un homme n'ayant pas de victoire à son actif, durent s'incliner momentanément devant une victoire française doublement précieuse pour n'avoir pas coûté de larmes.

Qu'importe ensuite que le parti de la prudence fasse un retour offensif, que le prestige tiré par Boulanger de la solution de l'affaire Schnœbelé effraye ceux qui ont peur des prétoriens, que Rouvier remplaçant Goblet ne garde pas Boulanger au Ministère, que Ferron son remplaçant l'envoie à Clermont-Ferrand, commander le XIIIe corps, tous les faubourgs font chorus au refrain vite popularisé :

> C'est Boulange, Boulange, Boulango
> C'est Boulanger qu'il nous faut

Une immense vague d'indignation pousse des milliers de Parisiens hors de chez eux, le 7 juillet 1887, les précipite à la Gare de Lyon, à l'heure où le bien-aimé va prendre le train ; les jette en flots serrés sur le quai et le force à partir sur une locomotive au milieu d'une tempête d'acclamations que domine cet autre refrain poussé par d'innombrables poitrines.

> Il reviendra ! Il reviendra
> Quand le tambour battra
> Quand le clairon sonn'ra !

Et quelle apothéose la semaine d'après ! C'est la revue, la revue du 14 Juillet, celle où la « nombreuse famille » du chanteur Paulus, va :

> Sans hésiter
> Voir et complimenter
> L'armée française.

Dans toute cette foule de soldats et d'officiers qui défilent devant les tribunes, devant l'estrade présidentielle, Paris ne voit, ne veut voir, ni les tribunes brillantes de toilettes, ni cette estrade où trône la placidité de M. Grévy, ni même ces troupes qui défilent superbement, Paris n'a d'yeux que pour l'absent.

⁂

A Clermont-Ferrand, l'absent, en compagnie de son officier d'ordonnance, dépouille rapidement un courrier réconfortant. Le lion populaire gronde ; il rugira demain. Les membres des cercles aristocratiques ont oublié le duel avec le royaliste baron de Lareinty ; ils ne se rappellent que la poignée de mains qui a suivi la rencontre. Les anciens fédérés de 1871, soldats de Cluseret et de Rossel, ont oublié qu'ils ont fait le coup de feu contre les soldats du colonel Boulanger ; ils ne se rappellent que sa fière attitude lors de l'affaire Schnœbelé. Les journaux catholiques restreignent la place octroyée, la veille encore, à leurs griefs contre « les bouffeurs de curés ». Naquet se porte fort pour, tout au moins, la neutralité de l'archevêque de Paris. Duchesses et midinettes se sourient les unes aux autres de voir, piqué à leur corsage, un œillet rouge. Les correspondants de journaux envoient au dehors l'émouvant tableau d'un Paris inconsolé. Des groupes se forment entre inconnus, échangeant des nouvelles brèves sur l'injuste disgrâce et ses conséquences. Le boulevard retrouve sa fièvre des grands jours. On se bat à la Bourse entre parieurs pour ou contre la fortune politique de Boulanger qui se cote sous les colonnes. On s'arrache les journaux du soir ; on s'amasse dans les salles de dépêches devant les photographies de l'idole, en uniforme, en civil, à pied, à cheval. Toute une pacotille d'insignes à son effigie gonfle de gros sous la poche des camelots. Et le soir, dans tous les cafés-concerts, on s'écrase. Dans tous, un seul numéro compte au programme : Boulanger, toujours lui, lui partout, sur des airs et des paroles toujours les mêmes, mais qui ne sont jamais une scie pour la foule qui les acclame, les répète en chœur. Dans l'immense salle de l'Alcazar,

Paulus, l'immortel Paulus d'*En revenant d'la R'vue*, s'approche à pas traînants jusqu'à la rampe, courbé, grimé en centenaire. C'est le Père la Victoire. Il prête l'oreille pour entendre « le bruit « enchanteur qui lui faisait battre le cœur » :

> Plan, rataplan
> C'était ce bruit-là, mes enfants.
> Quand j'vois nos soldats
> Passer joyeux, musique en tête
> Ah ! j'dis, marquant le pas
> Ah ! j'dis la France est prête
> Comme autrefois

Cette poésie transportait même les plus lettrés. O magie de l'idée illuminant les pauvretés du verbe ! Toute cette sentimentalité repose sur le fond solide des services déjà rendus au peuple par l'absent, ses initiatives et ses réformes heureuses, la création des sections techniques, le nouveau mode d'avancement dans la hiérarchie militaire et la Légion d'honneur, la suppression de commissions inutiles, la création si impatiemment attendue d'un cercle militaire, enfin, par deux fois, le dépôt sur le bureau de la Chambre du projet de loi des trois ans, l'adoption du fusil Lebel.

De simples soldats écrivent à l'absent. Ils demeurent reconnaissants non seulement de l'amélioration de l'ordinaire, mais de se sentir chaque jour plus cocardiers avec les tableaux d'honneur institués dans la salle d'honneur, avec la facilité donnée aux bien notés d'obtenir les galons de sous-officier, en attendant mieux.

Des officiers continuent de voir dans le ministre

d'hier — et, à leurs yeux, de demain — le « prédestiné », qui ne s'est pas hypnotisé au pouvoir sur la ligne bleue des Vosges, qui l'a franchie par la pensée et qui, dans sa disgrâce, la franchit encore. Et la « Grande Muette », murmure en discrète sourdine le refrain sonore :

>Il reviendra
>Quand le tambour battra
>Quand le clairon sonn'ra

Les jours passent; les avis venus de Paris s'avèrent de plus en plus optimistes; le scandale des décorations a mis à l'Elysée, en remplacement de Grévy, Carnot. « Celui-là, écrira Driant à un ami, est un patriote; il a refusé de voter la paix avec l'Allemagne, en 1871. » Rouvier n'est plus là; Tirard n'est pas signalé comme mauvais par les amis du Palais-Bourbon; Krantz, le nouveau Ministre de la Guerre, encore moins. « Tout va mieux! Tout va bien! » écrit, le 10 février 1888 à Driant, un parlementaire qui sort de la Chambre où il est allé aux nouvelles.

Le 15, dans le cabinet du commandement de corps d'armée, Boulanger et Driant sont en tête à tête; on apporte le courrier; Driant tend à son chef une lettre dont, sur l'enveloppe, il a reconnu l'écriture; c'est celle d'un ami toujours bien renseigné. Boulanger jette les yeux sur le papier; puis, avant de le passer à Driant pour qu'il en prenne connaissance, de la même voix calme avec laquelle il lui a dit, il y a deux ans: « Je vous prends pour officier d'ordonnance » :

« Je n'ai plus droit, prononce-t-il, à un officier

d'ordonnance. Ce sera à vous d'en avoir quand vous serez le chef que je ne suis plus. »

Driant sursaute :

« Que dites-vous là ?

— Tenez ! »

Et il lui tend, cette fois, la dépêche ministérielle qu'on vient de lui apporter, prononçant la mise en retrait d'emploi.

Le lendemain se dressait contre le pouvoir le boulangisme.

« Délire qui passera; coup de folie de grands enfants d'un pays latin qui briseront demain leur jouet », s'exclamèrent les ministres devant leurs amis de jour en jour raréfiés. — « Grande et durable poussée de patriotisme clairvoyant, ripostaient les quinze ou vingt parlementaires attachés à la fortune du « proscrit » de Clermont-Ferrand, poussée irrésistible qui, un jour ou l'autre, renversera le cabinet. Et alors...... *Il reviendra.* »

CHAPITRE V

Driant aux zouaves à Tunis. — Comment, après le drame d'Ixelles, il juge le général Boulanger. — On pense à s'installer à Tunis. — Il travaille à ses romans militaires.

Le mot de Boulanger : *Quand vous serez le chef*, eût dicté à Driant son devoir s'il ne l'avait clairement déjà démêlé : Soldat il était hier, il sera soldat demain.

Au printemps de 1888, nommé au 4ᵉ zouaves, il se retrouve à Tunis.

Pendant la traversée, il a repassé dans sa mémoire tout ce que ses lectures, tout ce que ses conversations militaires lui ont appris sur le corps où il va servir. Avec quelle avidité n'avait-il pas, d'ailleurs, dès le collège, lu tout ce qui a été écrit sur l'heureuse conception du duc d'Orléans, la formation d'un corps dont la tenue serait adéquate au pays où il servirait. « J'ai rêvé de porter la chéchia », a dit Lamoricière. Ce fut là également une grande joie de carrière pour tous les officiers qui commandèrent les régiments des « pantalons bouffants » tant en Algérie que plus tard dans les guerres européennes. Le zouave! C'était le soldat populaire, même aux yeux des ennemis; tant pour sa vaillance que pour sa légendaire jovialité » En Italie, après Palestro, Magenta, Solférino, le roi Victor-Emmanuel s'enorgueillissait du grade de caporal que les zouaves lui donnaient par acclamation. Le zouave! Jusqu'en 1870, il n'y en eut que pour lui. Et, au cours de l'Année terrible, quelle gloire n'ont pas recueillie, ces soldats d'élite à Wissembourg, à Reichshoffen et sous Metz!

Le régiment où va servir Driant a été celui des zouaves de la garde, un de ceux qui firent le plus d'hécatombes dans les rangs allemands. Après la guerre franco-prussienne, il est vrai, le recrutement n'a plus été opéré avec autant de soin qu'autrefois. Les jeunes officiers qui sortirent de Saint-Cyr, pendant les dix ou quinze années qui suivirent 1870, hésitaient à demander leur affectation à des formations qui ne sont plus au premier plan pour de jeunes ambitions. Mais Driant sait aussi que le commandement a procédé aux éliminations nécessaires et que l'heure approche où ces troupes redeviendront une précieuse élite comme autrefois.

Bien entendu, à peine débarqué, sa première visite sera pour la caserne : « Bâtie à une extrémité de la ville qu'elle domine de toutes ses terrasses, elle se composait d'un vaste rectangle bâti à la chaux comme toutes les constructions arabes et faisant de loin l'effet d'un gros bastion plat percé de meurtrières. Quand on y entrait après avoir passé devant le poste de police et les chambres des comptables, on était tout surpris de se trouver dans une cour spacieuse dont les dalles blanches recouvraient une vaste citerne.

« Sur cette cour s'ouvrait une large galerie soutenue par de nombreuses colonnes et dont les arceaux aux pierres alternativement blanches et noires avaient un cachet arabe très réussi.

« Au milieu, une fontaine de marbre, abritée par un pavillon aux gracieuses colonnettes, laissait échapper un jet d'eau continu.

« Les chambres, voûtées comme des casemates, étroites et obscures comme tout ce que font les Arabes modernes, contenaient chacune vingt hommes.

« Comme casernement hygiénique c'était loin d'être l'idéal; mais il avait bien fallu prendre à l'arrivée à Tunis ce que l'on avait trouvé (1). »

Après cette visite rapide, le capitaine prend le contact avec les officiers et les hommes. Impression satisfaisante, mais peu d'occupation à prévoir au régiment pour le moment; également peu de distractions à trouver dans Tunis; ville d'hiver, vide au printemps de colons et de la plupart de ses fonctionnaires. Ceux-ci, du reste, ne manifestent pas un grand empressement autour de l'ancien officier d'ordonnance du général en retrait d'emploi. Driant a donc, pendant de longs mois, tout le temps de lire d'innombrables journaux et une correspondance abondante racontant au jour le jour, avec une suite au premier numéro, l'étonnant roman boulangiste, ces élections qui arrachent le paysan à sa charrue, l'ouvrier à son établi, le petit bourgeois à sa pêche à la ligne et les poussent vers les urnes où s'entassent par milliers et par milliers les bulletins portant le nom de l'idole.

A chaque courrier de France, l'intérêt que porte

---

(1) Danrit, *La Guerre en rase campagne*.

Driant à la fortune de son ancien chef double, décuple et il attend anxieusement les nouvelles de la campagne électorale; discute les pronostics des journaux, les paris engagés dans les cercles, dans les salons, à la Bourse, pour ou contre celui que *La Cocarde*, *L'Intransigeant*, *La France*, *Le Gaulois* appellent « Le pauvre Jacques ». Epithète prophétique; le 27 janvier 1889, Driant dépliait la dépêche annonçant le résultat de la veille : Boulanger, 245.236 voix; Jacques, 162.875.

La satisfaction de Driant, ce jour-là, ne fut pas d'ordre politique. La politique ! Il était bien près de penser avec Musset que « c'est notre misère ». Plus tard, à un député socialiste qui lui criera de son banc : « Et Boulanger ? », il aura le droit de jeter cette vibrante riposte : « Pendant deux ans, au Ministère de la guerre, j'ai été un officier d'ordonnance fidèle et respectueux des ordres que je recevais; je n'ai pas fait un atome de politique, entendez-vous. Vous n'avez rien à me reprocher pour cette époque de ma vie ». Mais il aime Boulanger, il aime sa patrie; instinctivement, pour lui, la fortune politique de son ancien chef se lie à celle de la France. Mais, les jours suivants, nouvelles moins radieuses. La Roche Tarpéienne commence à se profiler devant le Capitole boulangiste. Le parti républicain s'est ressaisi; des notes de journaux officieux laissent entendre que les juristes du Ministère de l'Intérieur ont découvert et réuni les éléments d'une procédure qui mènera le député de Paris devant la Haute-Cour. Driant éprouve, en apprenant le départ du général pour Bruxelles, un vrai désespoir égal à la déconvenue des boulangistes.

Pour la clairvoyance de Driant, ce départ c'est la débâcle qui commence, implacable. Il ne s'étonnera donc pas du lamentable résultat des élections générales de 1889 : 44 boulangistes seulement élus dans toute la France.

Est-ce le contre-coup de ce triomphe définitif du gouvernement? Toujours est-il que le général commandant à Tunis envoie, sans aucune explication militaire, Driant commander une compagnie très loin de Tunis, sur la frontière algérienne, à Aïn-Draham. Et à son retour, le capitaine ne trouve pas pas que ce soit une disgrâce de sa destinée d'avoir pour nouveau chef, ce colonel Jeannerod qui, devenu plus tard général commandant de corps d'armée, voudra bien nous écrire ces lignes :

« Le colonel Driant a été sous mes ordres au
« 4° zouaves de 1889 à 1896. A mon arrivée au régi-
« ment, cet officier ne m'était pas connu autrement
« que par les fonctions d'officier d'ordonnance
« qu'il avait remplies auprès du général Boulanger,
« ministre de la guerre. Son excellente tenue,
« sa physionomie intelligente, son regard clair et
« franc, quoique mêlé d'un fond de tristesse, les
« très belles notes qu'il avait toujours obtenues,
« attirèrent mon attention et fixèrent mon intérêt.

« Malgré sa très grande réserve, je ne tardai pas
« à m'apercevoir qu'il souffrait de l'atmosphère de
« méfiance dont il paraissait entouré et que cet
« officier de grande valeur n'aspirait qu'à l'occa-
« sion d'utiliser ses belles aptitudes et de donner
« sa mesure, surtout celle de son loyal caractère.

« Driant ne devait pas être rendu responsable
« des erreurs de son général et de son beau-père.

« Et sa femme moins encore. L'un et l'autre, très
« intelligents étaient de relations fort agréables,
« distingués de manières et de conversation; ils
« étaient faits pour créer la sympathie. Il fallait
« faire cesser un ostracisme que mes observations
« m'avaient rapidement révélé. Je lui témoignai
« ma sympathie; ma femme en fit autant auprès de
« la sienne et mes filles répondirent avec joie aux
« invitations qui leur furent « adressées.

« Les portes étaient ouvertes. On ne craignait
« plus de se compromettre; on se connut mieux
« et, entre braves gens, on s'apprécia vite. On
« s'aperçut du prix de l'intimité de si bon aloi
« qui régnait dans cette famille, où chacun, était
« reçu avec autant de bonne grâce que de simpli-
« cité. »

C'est dans cette atmosphère de paix de l'âme retrouvée qu'éclate le coup de foudre : une dépêche signée Mouton, le secrétaire de Boulanger, ne contient que ces mots : « Général mort subitement hier. »

Le premier courrier de France apportait à Driant des détails explicites sur l'acte de désespoir, romanesquement accompli devant une tombe, au cimetière d'Ixelles. Driant garda pour lui le souvenir du pronostic qu'il avait tiré devant un ami le jour où il sut Boulanger esclave d'une sentimentalité tardive : « S'il ne se perd pas tout à fait, il se recule pour longtemps. » Il n'eut plus qu'une pensée : évoquer la figure d'un Boulanger ambitieux certes, mais non factieux, tout au plus rêvant d'être le président d'une République à la façon de celle qu'il avait vu fonctionner au Centenaire de Yorktown, ou tout au plus chef d'un gouvernement consulaire que n'aurait pas précédé Brumaire. En résumé, un personnage intéressant, arrivé à son heure dans une France qui, selon un mot célèbre, s'ennuyait, un homme de guerre que le ciseau ou le pinceau de l'artiste ne représenterait peut-être pas symbolisé par le coq gaulois donnant victorieusement du bec et des ongles contre l'aigle allemand, mais par la joyeuse alouette française chantant, avec la mesure qui convient, le grand réveil de la Patrie, non pas, enfin, un aventurier mais un aventureux auquel il sera beaucoup pardonné, puisqu'un maréchal Canrobert a pu dire de lui : « Ce diable d'homme nous a remis le képi sur l'oreille. »

Les Driant songèrent d'abord à s'installer pour longtemps en Tunisie et leur goût impérieux pour la bâtisse les amènera à faire construire à Tunis, une maison tout en haut de la ville, avec une vue merveilleuse, et un grand jardin où les enfants à venir joueront à cache-cache derrière les palmiers, les lauriers roses et les orangers. Plus tard, le jeune ménage se donnera également une maison de campagne qui s'élèvera à Carthage. Le cardinal Lavigerie ayant rêvé de faire de cette ville la tête d'un diocèse important, résolut d'abord de la peupler ; il lui plaira d'avoir parmi ses premières ouailles le ménage dont le colonel du 4ᵉ zouaves et sa famille n'étaient pas seuls à apprécier l'agrément. Les époux achetèrent donc sur les premiers terrains vendus pour la construction de la cathédrale de Carthage, l'emplacement de leur maison. Enflammés par la lecture de *Salammbô*, familiarisés avec l'architecture de l'ancienne cité, telle que Flaubert l'a fait revivre — avec quelle magie ! — ils voulurent que leur maison s'élevât au sommet de l'escalier dont Mathô, au dernier épisode du livre, descend précipitamment les marches, avant d'être conduit au supplice, au milieu de la foule hurlante.

« Entre deux lectures de *Salammbô*, écrit Driant, j'ai eu l'audace de m'écrier : « Moi aussi je suis « romancier. Malheureusement, ma première œuvre « ne prend pas jusqu'à présent la tournure d'un chef-d'œuvre. » Ce roman, c'était *La Guerre de demain*. Driant avait eu, au collège et à Saint-Cyr, les premières notes en français ; il écrivait avec une grande aisance ; de plus, il possédait le don qui a été autrefois le plus requis chez un romancier : l'imagination créatrice d'épisodes attachants qui noue les intrigues passionnantes. Militaire avant tout, il dirigea ses facultés d'écrivain vers les objectifs de son état principal, mais son mobile, le jour où il prit la plume, fut de se rendre utile, en dehors de ses camarades de l'armée, à toute une génération de jeunes gens et même d'enfants.

La Guerre de demain, la première de ses œuvres qui réalisa ce programme, se compose de trois parties. Dans chacune d'elles, Driant a étudié un aspect particulier de la guerre moderne : guerre de forteresse, guerre en rase campagne, guerre en ballon. Évidemment l'expérience nous a enseigné depuis lors qu'il y avait une quatrième partie à écrire sous le titre : la guerre de tranchées ; mais qui donc, au moment où Driant vulgarisait l'art de la guerre, aurait pu supposer que la guerre de demain — celle d'aujourd'hui pour nous — se terrerait, dans des taupinières.

Avec la *Guerre de forteresse* nous assistons, enfermés dans le fort de Liouville, sentinelle avancée de Commercy, à toutes les phases du siège que les Allemands vont faire subir à cet ouvrage. Et Dieu sait si ces péripéties sont nombreuses et impressionnantes! Le récit est si vivant, si dramatiquement exact, qu'un jeune officier d'artillerie, passé plus tard dans l'aviation et mort depuis au front, a pu dire:

« Chargé d'une batterie, à Liouville même, au début de la guerre et ayant vécu toutes les angoisses du siège, j'en ai du moins évité les surprises, car ayant lu *La Guerre de forteresse*, j'ai pu, à l'aide des souvenirs qui m'en restaient, prévoir, presque heure par heure, comment les choses allaient se passer. »

Nous nous en voudrions de laisser dans l'ombre les quelques types admirables de soldats français que, de main de maître, Driant a campés dans son œuvre; le commandant Randal, le capitaine Auzat, ces figures que la guerre d'aujourd'hui met tous les jours en relief dans le Livre d'or de l'armée.

Dans l'ensemble de l'ouvrage, *La Guerre de forteresse* ne constitue guère qu'un épisode, mais si important! Driant a voulu nous y montrer le rôle d'arrêt que devaient jouer, contre les armées d'un envahisseur, nos grandes forteresses de première ligne. Dans sa thèse, l'acharnée résistance du fort de Liouville doit permettre la concentration des armées françaises sur qui va peser le fardeau de la défense du sol menacé. Et ainsi nous sommes amenés à étudier la mise en branle de ces formidables masses de choc.

C'est à *La Guerre en rase campagne* qu'il appartient de nous initier à cette autre forme des luttes modernes. Cette deuxième série de *La Guerre de demain* nous conduira, étape par étape, à la suite du 1er régiment de zouaves, de Tunis à Marseille, de Marseille aux champs de bataille. C'est à Neufchâteau, sur la Meuse, que vont se succéder les alternatives des grandes journées qui briseront la puissance d'attaque des armées allemandes ; c'est à Postdam, aux portes de Berlin, où nous conduit l'auteur, que sera réduite définitivement la force de résistance du « militarisme armé. »

C'est à Potsdam que Guillaume II — qui, dans le roman expose ses jours — tombe sous le coup de sabre d'un maréchal des logis de cuirassiers, l'Alsacien Zalmer. Cette fin dramatique entraîne la « mort de l'Allemagne », selon l'expression que le monarque emploiera un jour pour qualifier injustement les buts du « monde d'ennemis » soulevé contre lui.

A côté de ces romans, si fertiles en péripéties de toutes sortes, où les rires, les larmes, le pittoresque et l'émouvant se mêlent et se pénètrent, le *Journal du lieutenant von Piefke* a le mérite de nous renseigner avec un soin minutieux sur l'état d'esprit du militaire allemand. Il est pourtant de pure invention ce portrait d'officier odieux pour lequel il est permis de redire un mot d'atelier de peintre, à propos d'une ressemblance de même acabit : « C'est à tirer dessus ! »

L'ouvrage terminé est montré à quelques camarades de l'armée. Tous disent : « Envoyez cela en vitesse chez un éditeur. »

Il fait une réserve :

« Pas sous mon nom en tout cas. Que dirait-on rue Saint-Dominique ? »

Donc il s'amuse avec ses amis à trouver des pseudonymes. A la fin il s'arrête à l'idée de l'anagramme : Danrit.

Quelques jours après, un éditeur, auquel il s'était adressé sans recommandation, acceptait par écrit le livre sans retouche. Flair d'éditeur dont bientôt une nouvelle lettre annonce la seconde édition. Ensuite, tous les jours, un courrier venant de tous les coins de la France, félicite l'écrivain, l'encourage à persévérer. Ce qui le touche le plus ce sont les suffrages d'officiers et de soldats inconnus, le *satisfecit* enthousiaste et naïf d'élèves de lycées, celui de Reims en tête.

**

Mais son ivresse d'écrivain triomphant ne lui fait pas perdre de vue la caserne. Les fictions auxquelles il s'est complu laissent intact chez lui le sens des réalités du service et il mérite ce témoignage que lui rend plus tard son colonel :

« Apte à tout, empressé à toutes les missions,
« d'un esprit réfléchi et observateur, Driant aimait
« passionnément son métier. D'un caractère égal,
« il gagna rapidement la confiance de tous et donna
« la meilleure impulsion à tous les services dont il
« était chargé. Il exerça la plus heureuse influence
« sur son entourage et contribua puissamment à
« fortifier dans le régiment l'esprit de discipline

« et le goût du métier. Son entrain, sa belle hu-
« meur, son savoir faire, rendaient tout facile et
« faisaient oublier la fatigue. Il était devenu l'idole
« du soldat. La préparation à la guerre était son
« objectif unique. »

Driant concevait de ces notes un juste orgueil, le légitime espoir que son apostolat préparerait à la guerre d'autres officiers qu'un lieutenant et un sous-lieutenant. Or, à son âge et avec son grade, le seul poste qui peut remplir cet objet est celui de capitaine instructeur à Saint-Cyr. Il adresse dans ce sens au ministère une demande que son colonel appuie chaudement. Mais ils sont tant de candidats pour la place! Les jours passent, rien ne vient.

Enfin il reçoit le pli ardemment désiré; certes le jour du départ il a des larmes dans les yeux quand il prend congé de tous les amis venus pour les adieux. Tout de même il jette à son colonel un vibrant et joyeux : « Au revoir dans la mère-patrie, à la frontière. »

CHAPITRE VI

Instructeur à Saint-Cyr. — La curiosité des élèves. — Dans la grande cour carrée. — L'enseignement technique, le dressage du fantassin, causeries familières. — Dans la salle de l'amphithéâtre; leçons sur les devoirs de l'officier, l'esprit de discipline, le tact ; la corde héroïque et la corde sensible : Comment l'officier doit se conduire hors du service. — De quelle façon Driant est jugé par les autres instructeurs et par les élèves.

On s'installe dans le village de Saint-Cyr ; mais le capitaine n'a guère de loisirs. A peine si sa passion, très pratique, nullement snobique pour les exercices du corps, lui permet de temps en temps, une bonne promenade à cheval dans les merveilleuses forêts du voisinage et une demi-heure de fleuret sur la planche de la salle d'escrime de l'Ecole. Saint-Cyr l'accapare même la nuit, une fois par quinzaine, où il est de garde.

Driant arrive à Saint-Cyr, précédé comme autrefois son beau-père, dans le même poste, d'une de ces réputations qui piquent la curiosité des élèves. Les fonctions très en vue qu'il avait remplies auprès de Boulanger, le renom considérable que lui valaient ses écrits dans le monde militaire, donnaient du relief aux deux syllabes de son nom.

L'Ecole était alors sous le commandement du général de Monard qui avait pour second le colonel Fabre, lequel ne tarda pas à être remplacé par le colonel Dion. Tout de suite Driant prend contact avec ses camarades, capitaines et lieutenants, tous admirablement cotés, tous réservés à un brillant avenir. De cette pléiade d'officiers d'élite, quelques-uns sont aujourd'hui au tout premier rang : les généraux Arlabosse, Puypéroux, de Fonclare, de Bonneval, de Lagarenne, Mesple, de Corn ; d'autres sont de glorieux mutilés, tel le général Malleterre ; d'autres enfin, sont allés jusqu'au bout du sacrifice : les noms des généraux de Mouy et Moussy figurent sur la liste trop longue des fils de France qui ont donné leur vie pour la Patrie.

A l'époque où Driant fut affecté comme instructeur à Saint-Cyr, l'Ecole recevait chaque année de trois à quatre cents recrues. C'est assez dire, ce qu'entre anciens et nouveaux, cela représentait de gaieté, d'animation, de turbulence. Le contingent était réparti entre huit compagnies, à la tête de chacune desquelles se trouvait un capitaine, que deux lieutenants assistaient. Le capitaine Driant, le plus ancien de son grade, fut affecté à la 2ᵉ compagnie ; il y eut comme seconds les lieutenants Buisson et le Merdy. Le commandant Provost était à la tête du bataillon d'infanterie de Saint-Cyr ; la section de cavalerie, était placée sous les ordres du chef d'escadrons de Coubertin qui devait, plus tard, devenir l'un des plus actifs collaborateurs de Driant à la Ligue militaire.

Le capitaine instructeur arrêtait pour sa compagnie, d'accord avec ses lieutenants, le plan du travail de la semaine pour les anciens et pour les nouveaux. Il indiquait les matières du programme et, une fois la besogne tracée, le tableau dressé était communiqué aux élèves par les lieutenants.

Conduits par leurs gradés, les élèves descendaient dans la grande cour carrée à 8 heures et demie. Toute la matinée, les recrues « faisaient les soldats », groupés en escouades, sous l'œil des anciens que conseillaient les gradés. Après les exercices du matin et le déjeuner, à une heure et demie, tous, en armes et sac au dos, étaient passés en revue par leurs capitaines instructeurs. « Driant promenait sur les jeunes gens un regard d'acier, a écrit l'un deux, examinait minutieusement la tenue, s'approchant pour constater si l'élève était rasé de frais, au moins en vue de la sortie du dimanche. »

Entre temps il répondait aux questions de tous ceux de ses élèves qui avaient du goût pour les sports. On le savait bon conseiller pour l'escrime, la canne, la boxe. Bientôt entre élèves, on vanta ses prouesses de tireur. Il saisissait un fusil muni de sa baïonnette, épaulait d'un bras et, pour chacune des balles qu'il tirait ainsi, obtenait que le drapeau, à la cible, fît « rigodon ». Son adresse au revolver devint aussi vite proverbiale. Après l'exemple, la parole. « Ses propos sur l'entraînement physique, nous écrit un de ses anciens élèves, nous disposaient admirablement aux leçons portant sur notre rôle de futurs entraîneurs d'hommes à la guerre, comme chefs de section. Driant excellait dans l'art de rendre intéressants et frappants pour nos jeunes intelligences tous les détails du service en campagne. Il nous accompagnait lui-même et trouvait toujours de petits thèmes simples qui nous passionnaient. A l'exercice — et il y était assidu — il enseignait comme en se jouant, tout ce qu'il avait appris si complètement à cette même Ecole, et si bien pratiqué dans ses différentes garnisons : l'instruction de la place d'exercices ou du champ de manœuvres, l'école du soldat, de section, de compagnie. Il fallait le voir calculer, l'œil sur ses élèves, l'intervalle à garder entre les hommes, dépendant du terrain qu'il faut occuper. Nous servions à une époque où, tout en étudiant la tactique de Napoléon, le jeune Saint-Cyrien n'était peut-être pas suffisamment dressé à son rôle de chef de section à la guerre. Driant eut le souci de ce dressage. »

Ses idées n'ont pas fait l'objet d'un livre spécial; mais éparses dans ses œuvres, elles se trouvent concentrées dans une brochure d'un de ses camarades de promotion, d'un de ses grands amis, une des figures les plus marquantes de la guerre actuelle. Le général de Maud'huy, au cours d'une sorte de testament militaire adressé à un régiment d'avant-ligne « qu'il eut l'honneur de commander », a fixé en ces quelques phrases brèves, mais dont chaque mot a une valeur, les principes fondamentaux qui doivent guider chefs et troupes lorsqu'ils sont en campagne.

«... Ne cherchons pas de succès particuliers, mais, comme au foot-ball, que chacun travaille pour le succès de son équipe. Souvent des fautes de tactique sont des fautes d'abnégation.

« Pour que l'équipe travaille en commun, pensons, pensons toujours à la liaison..... le papier et

le crayon sont les premières arme du gradé.....
Sans liaison, pas de renseignements, pas d'ordres, donc pas de manœuvre.....

« Gardons-nous loin, très loin, rappelons-nous que l'artillerie peut nous surprendre à 5.000 mètres et au-delà.....

«... L'offensive seule donne des résultats, mais n'oublions pas que la défensive ordonnée par le chef en un point ou en un moment donné, est souvent le seul moyen de prendre et conserver l'offensive ailleurs ou plus tard.....

«..... Ne mettons pas les sentinelles exactement sur les chemins où elles seraient facilement enlevées, mais à quelques pas sur le côté. Servons-nous de nos fils de fer, mettons-les à quelques mètres en avant de la sentinelle; c'est une sécurité pour elle...

«..... Ne perdons pas de vue le dressage de nos éclaireurs; de bons éclaireurs sont la force d'une compagnie... «..... Ne perdons pas l'habitude des reconnaissances de sous-officiers, avec renseignements fermes à rapporter.....

«..... Rappelez-vous le principe : on ne s'arrête pas pour se fortifier, mais on se fortifie quand on s'arrête...

« N'oubliez pas nos tranchées à la charrue, pour faciliter le travail ou créer des simulacres de retranchements.

« N'oubliez pas que : mieux vaut pas de tranchées qu'une tranchée trop visible pour l'artillerie..... »

Si déjà sur le terrain les leçons techniques passionnaient, jugez de l'effet produit dans la salle de l'amphithéâtre lorsque Driant traitait les idées générales qu'il avait mission de développer devant son jeune auditoire sur le métier dans son ensemble. Quel public excellent, comme on dit au théâtre, que des Saint-Cyriens auxquels on parle de leur avenir. Tandis qu'à l'Ecole Polytechnique les questions de guerre n'intéressent souvent l'élève que le jour où il a perdu l'espoir de sortir dans les numéros donnant droit aux carrières civiles, à Saint-Cyr il n'y en a que pour le pompon. Toutefois une vocation pouvant quelquefois n'être qu'un feu de paille, il convient de la muer en flamme sacrée. Driant excella à montrer aux siens, dans le métier des armes, moins les servitudes que les grandeurs. Il avait l'art de dorer toutes les pilules. Par exemple, les amertumes de la discipline passèrent plus aisément dans leur intellect avec une double caution : celle du plus grand des Empereurs et celle du plus grand des Républicains libéraux. « La discipline, a dit Napoléon, est la première qualité du soldat; la seconde, c'est le courage. » Et Washington : « Il faut que dans l'armée règne un parfait despotisme. » Donc l'obéissance passive est une qualité militaire.

Une non moindre vertu et qui, elle, s'exerce quand l'officier a des initiatives à prendre, c'est le tact. Le tact ! Il en faudra avec les supérieurs, les camarades, les inférieurs, les autorités, les bourgeois, les populations des garnisons. Et, en temps de guerre donc, avec les citoyens des villes et des villages de France où l'on campe. Avec l'ennemi également. Quitte à user impitoyablement de représailles vis-à-vis de celui qui a commencé on peut agir à la française avec les pires adversaires. Des exemples de chevalerie tirés de nos fastes militaires éclairaient ce cours sur les lois de la guerre. La mémoire de l'orateur abondait en traits, tous pris à nos annales, qui rendent Thucydide et Plutarque « moins beaux », a dit le poète Rostand.

« Rien que pour entendre notre capitaine sur ce chapitre, nous confie un de ses anciens élèves qui n'est pas du Midi, nous aurions lâché tous nos jours de sortie. »

Non moins que la corde héroïque, la corde sensible servit efficacement au capitaine pour mener à bien ses leçons sur le devoir militaire. Auprès de son jeune auditoire il se fit l'apôtre de « la religion de la souffrance humaine ».

Lui-même était devenu depuis peu de mois, un néophyte de ce culte, à la suite d'un camarade de l'armée, et sous son indirecte inspiration. Un article publié peu avant son entrée à l'École dans la *Revue des Deux Mondes* avait, à Tunis, vivement frappé son attention. L'article intitulé « Le rôle social de l'officier » paru sous l'anonymat, mais destiné à justifier plus tard l'élection de son auteur à l'Académie Française, répand des vérités profondes sur les devoirs de l'officier vis-à-vis du soldat enfant du peuple. Il ne faut pas que les façons rudes soient considérées comme la base essentielle de la discipline. Au soldat nouveau il faut un officier nouveau qui ait la patience d'éclairer des esprits souvent ombrageux, qui se fasse plus tard, dans la vie un protecteur, suivant son protégé, se constituant au besoin son répondant.

Mais pour exercer cette action, disait encore l'article, il faut aimer le soldat. On sait que Driant avait du cœur à revendre pour un pareil apostolat. Il aimait le troupier sans même être certain d'être payé de retour. Il l'aimait parce qu'il le plaignait d'être arraché à son foyer, à son gagne-pain, pour un métier où les sacrifices qu'il pourra faire n'auront pas les compensations de l'avancement et du panache. Il le plaignait de ne pas éprouver d'instinct la joie de l'immolation pour l'idée de la Patrie, notion forcément bien vague et souvent obnubilée par les excitations de la presse et des réunions publiques à l'adresse des fils du prolétariat de la ville et des champs. Aussi avec quelle chaleur il prêchait à ses élèves le devoir de rendre le service militaire, dans la mesure que la discipline autorise, le moins pénible possible. Et avec quelle force il affirmait qu'un des plus sûrs allègements à la dureté de cette condition, c'était la réciprocité d'amour entre officiers et troupiers. Il cita plus d'une fois l'admirable poète soldat, Borrelli, capitaine à la Légion étrangère, disant de ses hommes :

« N'ayant à vous ni nom, ni foyer, ni Patrie,
« Rien où mettre l'orgueil de votre sang versé,
« Humble renoncement, pure chevalerie,
« C'était dans votre chef que vous l'aviez placé !

A plus forte raison, moins fruste que le légionnaire étranger et possesseur d'un passé net — avant du moins, qu'on eût la fâcheuse idée d'incorporer les apaches, le soldat français, si frondeur qu'il soit, est, de tous, celui qui a le plus l'intime besoin de se dévouer, comme on dit dans la langue courante, au point de se faire tuer pour son chef. Et pour si peu d'effort chez le chef ! Pour un regard, un sourire, une parole affectueuse, pour le conseil amicalement donné d'écrire aux parents, pour le soin que le supérieur prend de s'enquérir lui-même des besoins de ses subordonnés.

Toutes ces règles de conduite le capitaine instructeur n'en parlait jamais *ex cathedra* à la façon d'un professeur du Collège de France ou de la Sorbonne, encore moins en orateur de la chaire. Sa conférence tournait souvent même à la causerie jamais apprise par cœur. Il lui arriva d'interloquer un auditeur en sollicitant de lui à brûle-pourpoint une objection et la confusion comique de l'interpellé fut une occasion d'hilarité prolongée, « comme disent les comptes rendus des Chambres » à laquelle s'associa lui-même l'interpellé.

Peu à peu mis en confiance, les jeunes gens ne s'étonnaient pas de voir leur grand aîné effleurer les futurs problèmes de leur vie intime, au cours de promenades familières avec les uns et les autres, où il abordait, avec quelles précautions par exemple! la fameuse trilogie dénoncée par l'austérité de nos pères : le jeu, le vin, les belles! Le jeu! Il en faisait toucher du doigt le danger, dans les tentations de la partie de cartes qui ne se borne pas à l'inoffensif enjeu de la consommation. Il pouvait citer bien de terribles drames, surtout dans les régiments où officiers et soldats ont, comme disait le pousse-cailloux de l'ancienne armée, quelque chose de chez eux. Il montrait ce qu'il y a de choquant pour la discipline et pour le bon ordre du service à voir un officier de fortune médiocre sortir d'une partie de baccara en devant sur parole cinq cents louis à un subordonné millionnaire. Il demandait instamment à nos futurs lieutenants de faire la chasse, s'il y avait lieu, à cet abus pernicieux aux sous-officiers et aux soldats.

En ce qui touche l'ivrognerie, il eut à peine à mettre en garde ses élèves contre l'indulgence pour ces « cuites » tapageuses dont il avait ouï parler dans sa prime jeunesse et dont le scandaleux écho, aggravé par les détracteurs de la vieille armée alimenta dans trop de gazettes la rubrique « gaîtés du sabre ». L'officier d'aujourd'hui est plus sobre que son aîné.

Quant aux belles, péril toujours présent, il s'abstenait de précisions prud'hommesques; mais il avait bien le droit de citer plus d'un bel avenir brisé par quelque sotte liaison aboutissant à un mariage plus insensé encore.

Ainsi s'exerçait sa « dictature de la persuasion », à qui son autorité faite de douceur donnait un ascendant particulier. Un de ses élèves nous cite ce trait caractéristique : « Dans le triomphe célébré à Saint-Cyr, lors de sa dernière année de service à l'Ecole, les jeunes auteurs de la Revue avaient rimé des couplets légèrement irrévérencieux sur certains professeurs. Le texte ayant été communiqué au commandement, le sabre de la censure s'abattit sur les audacieux couplets. Les auteurs désolés de l'amputation demandèrent à Driant d'intervenir. Celui-ci les reçut avec sa bonne grâce habituelle, mais approuva l'interdiction, blagua même les blagueurs et ceux-ci s'étant amusés d'être blagués, tant c'était gentiment fait, l'incident finit bien. Tout finissait bien avec Driant.

« Si nous ne l'avions pas tant aimé, nous dit un capitaine instructeur de son temps, nous aurions tous été jaloux de lui; c'était à qui de nos élèves regrettait de n'être pas de sa compagnie ».

« Ne fut-ce que pour l'entendre raconter, nous

écrit un de ses anciens élèves, « le combat de Sidi-
« Brahim ». Nous étions, ce jour-là, 200 élèves de
la deuxième année, de 18 à 21 ans, âge où l'on est
généralement d'un scepticisme apparent voulu ; —
eh bien ! j'ai vu bien des yeux rouges et des mouchoirs sortis subrepticement ».

Jaloux, certes, ils avaient le droit de l'être, les
collègues d'alors qui peuvent n'avoir pas tous reçu
du général commandant l'Ecole une lettre pareille à
celle-ci : « Les 2.000 jeunes gens avec lesquels vous
aurez vécu à l'Ecole vont, pendant un quart de
siècle vous faire une réclame malgré vous qui por-
tera ses fruits. Déjà la chose est commencée et,
sans que vous y ayez songé, vos élèves vous ont
édifié une petite notoriété uniquement due à leur
admiration. »

*
* *

Driant reçut cette lettre au moment où il prenait
congé de Saint-Cyr pour retourner à Tunis en qualité de commandant. Nous ignorons si au moment
des dernières poignées de mains échangées, les
mouchoirs des élèves « sortirent subrepticement
des poches », mais nous savons que la sensibilité
du nouveau commandant connut ce jour-là la tristesse des adieux.

Heureusement, par compensation les choses ne
vont pas mal alors pour l'armée. Le président qui
a remplacé Casimir-Périer, très militaire, ancien
chef de mobilisés du Havre, Félix-Faure a gardé
le goût du panache. Est-ce que les petits journaux
socialistes ne plaisantent pas ses guêtres blanches ?

Les officiers de tous grades ont leurs grandes et petites entrées à l'Élysée. Il encourage ses nombreux amis du Parlement à voter des crédits indispensables réclamés par la compétence de Jules Roche, rapporteur du budget de la guerre. Si l'Allemagne inquiète de ce président cocardier, le surveille par ses moyens d'investigation habituels, il en cuit parfois à ses espions.

Driant a aussi le cœur moins gros de quitter Saint-Cyr à la pensée qu'il s'en va retrouver son cher 4° zouaves.

CHAPITRE VII

Il est major au 4ᵉ zouaves à Tunis. — La villa Marie-Térèse. — Il voit les Anglais à Malte. — Ce que pense de lui un adjudant de son régiment. — Un théâtre de zouaves à Tunis. — Driant poète : *Les deux Drapeaux*. — Le zouave d'hier et le zouave d'aujourd'hui.

Après les brumes de l'Ile-de-France, c'est de nouveau le ciel ensoleillé d'Afrique. Driant ne s'en plaint pas. Il aime ce ciel, il goûte la vie qu'on mène dans cet Orient francisé.

Il écrit à un ami de Reims :

« ..... Madame Driant et Bébé sont à Carthage où nous avons fait faire la villa Marie-Térèse, juste à l'emplacement où se trouvait le temple d'Esculape sur les bords du plateau de Byrsa. Ah! mon cher ami, les beaux souvenirs! Je m'y replonge comme il y a quinze ans et pour vous montrer qu'il me fallait ce motif pour me remettre à la photographie, je vous envoie les épreuves prises du sommet du couvent Saint-Louis, bâti au point où est mort le roi à sa croisade de Tunis. Notre villa est la villa blanche à balustrade qui figure sur l'épreuve; Madame Driant et Bébé sont sur la terrasse qui avance; les arbres sont maigres, comme trop battus par le vent. Auprès, un petit hôtel pour les touristes. Ce sont les deux seules constructions du plateau de Didon avec la cathédrale du cardinal Lavigerie et le couvent des Pères Blancs.

« A gauche, une ruine, derrière une ligne d'eucalyptus que suit le chemin de fer italien. Dans notre jardin, au tout premier plan, l'entrée d'une citerne que nous avons fait restaurer et où logent les chevaux, la voiture, un âne et une vache. Du côté opposé, toujours dans le jardin, un trou noir qui mène au mur des amphores, connu maintenant dans toute l'Europe archéologique. Vous avez vu deux de ces objets à Saint-Cyr, dans l'antichambre. Au loin le lac de Tunis, avec la ville invisible tout au fond à dix-huit kilomètres.

« La photo n° 2 est prise de la villa. La plaine nue et stérile où était la Carthage riche, le quartier de Mégara; la ligne blanche des citernes restaurées à mi-côte sur la droite et au-dessus d'elle la batterie de Bord-Djedid, — rien de carthaginois, — qui, avec ses pièces monstres de 24 centimètres bat le golfe. Au fond, à gauche, le village de Bou-Saïd, fait de ruines puniques. Là étaient, pour moi, les jardins d'Hamilcar et là-haut, près du phare, j'ai relu deux fois *Salammbô* ayant tout Carthage à mes pieds. Sous les citernes, à gauche, les fouilles du père Delattre ayant abouti à la découverte de douze cents tombeaux puniques antérieurs à Scipion et contenant tous des souvenirs précieux. A l'extrême droite, ruines de quais dans la mer aux colonnes de marbre rouge et au bord de la mer éboulement gigantesque des anciens thermes..... »

Dans ce cadre charmant Driant passe les loisirs que lui laisse un commandement qu'il assure avec son zèle accoutumé, à l'entière satisfaction de ses chefs, de ses subalternes et de ses hommes. Le colonel Jeannerod a quitté le 4e zouaves. Son remplaçant, le colonel Cauchemez aussi accueillant que lui est aussi heureux que lui d'avoir Driant sous ses ordres. Comme il sait que celui-ci mettra les morceaux doubles au retour il ne lui chicane pas une permission. Driant, en profite pour voyager utilement; il sillonne en tous sens cette Tunisie jusqu'à ses frontières mal définies et au delà. Utilisant une trêve un peu plus longue il s'embarque pour Malte. Là, il est frappé par la manifestation de la puissance navale anglaise et la vue des nombreux habits rouges croisés à La Valette.

Son appareil photographique en bandoulière, il parcourt l'île, prend des vues; puis, documenté, il rentre à Tunis, où il fait part à ses chefs de ses préoccupations.

Entre temps, dans la mère-patrie, l'affaire Dreyfus commence à agiter les esprits. Nous n'avons pas à prendre parti dans une querelle qui a trop longtemps divisé la France en deux camps. Qu'il nous suffise de constater, en ce qui concerne Driant, que sous le coup de certaines révélations produites au cours de cette douloureuse affaire, il crut voir se dresser ce « bâton du chef d'orchestre allemand » dont parla le socialiste Liebknecht pour mener en sourdine le concert qui s'éleva contre l'état-major français. Dès ce jour, sa vigilance de patriote se porte davantage encore devant la ligne bleue des Vosges.

Avec quelle fièvre il suit les péripéties du long

procès pour démêler au milieu de ses contradictions et de ses obscurités la trame qu'ourdit en France l'espionnage allemand.

Le 30 janvier 1898, il écrit à un ami à la suite de quelques lignes enflammées.

« Oui ! vous allez me répondre que vous avez des doutes sur la validité du jugement, que votre sentiment de justice n'est pas satisfait, etc... ou plutôt non, vous ne me direz pas cela, parce que vous sentirez qu'il y a avant tout une atroce situation à liquider, des ruines et des menaces partout et vous n'exigerez pas qu'on déballe à douze jurés tous nos secrets d'espionnage alors que le huis-clos est partout observé en pareil cas. Les sourds avertissements de l'Allemagne, la déclaration de Bulow, un nom qui fait penser à Waterloo, les ovations Zolaïstes en Italie, vous diront que vous marchez sur un terrain mouvant et vous mettrez de côté toutes les fausses sentimentalités pour penser à la vraie famille française bafouée, méprisée dans son armée qui ne peut pas répondre. »

Un jour il répondra pour elle. Aujourd'hui son devoir est de contenir les frémissements de son cœur, de se consacrer corps et âme à son métier, aux zouaves qu'il aime comme des enfants ; dont il est l'idole. Il ne s'occupe que d'eux, de leur bien-être matériel, de leur développement moral. Et aussi de leur avenir. Un de ses anciens secrétaires au 4ᵉ zouaves, M. Guelfi, nous écrit : « Le commandant Driant jouissait d'une vraie popularité due à son inépuisable bonté. Nombreux sont les anciens zouaves qui lui doivent leur situation. » Le Driant de Tunis, c'est toujours l'instructeur de Saint-Cyr. L'Évangile militaire qu'il a prêché, il l'applique. Il ne laisse échapper aucune occasion de distraire ses hommes, dès que ces distractions développeront en eux le sens du devoir et l'esprit de corps.

C'est ainsi qu'il prit l'initiative d'organiser une fête, à l'occasion du 24 juin, anniversaire de Solférino.

Le 10 mars 1898, il écrit à un ami poète :

« Je voudrais faire une surprise à la fin de la représentation théâtrale du soir en donnant un à-propos en vers, bien que les vers et moi !... Ce qui m'a encouragé c'est que le sujet qui m'est venu est vraiment beau, je crois, et qu'on n'en trouverait en France un pareil qu'au 4ᵉ zouaves. Ensuite je me suis dit que le public aurait de l'indulgence et cette idée m'a soutenu pendant cette semaine de confection. — Les voici ! vous en trouverez de treize pieds certainement ; vous lirez des phrases alambiquées, des rimes de richesse douteuse, des mots de remplissage, mais dits par un artiste de profession que j'ai sous la main et que je grimerai bien, avec les deux drapeaux qui seront là : celui d'Italie et l'actuel, effectivement je crois que l'effet sera produit, sur nos zouaves surtout. Il y aura là toutes les sommités résidentielles et militaires mais il y aura surtout 2.000 zouaves dont je veux remuer la fibre, car ces impressions-là restent ; je leur en laisserai d'ailleurs un souvenir sous forme de programme illustré représentant les deux drapeaux et vous l'enverrai aussi. Bref je tiens à mon idée. Plus le scepticisme envahit même les croyants et plus les derniers fidèles auront le devoir de réagir... »

Cet à-propos, *Les Deux drapeaux*, composé pour la circonstance, fut le « clou » de la fête.

« Pour la circonstance » est modeste, car même à la lecture, il est, comme on dit familièrement, « du bon théâtre ». En tant que pittoresque de mise en scène d'abord. Au lever du rideau, aussi bien les lorgnettes civiles que militaires ont pu se promener sur un beau décor de verdure : sapins, eucalyptus, faux-poivriers. Dans le fond, au centre, un cadre recouvert d'un rideau rouge et autour duquel un zouave imberbe, en grande tenue, turban et guêtres blanches, dispose des palmes, après quoi, satisfait de son œuvre, il confie au public :

Tout est prêt : la surprise est vraiment grandiose
Et me fait éprouver comme un frémissement,
Hors d'Afrique citez-moi donc un régiment
Qui trouve en son passé pareille apothéose !

> Entre par la gauche un vieux troupier, à la longue barbe blanche, ridé, appuyé sur un bâton et portant l'uniforme de zouaves de la garde avec les galons de sergent (tresses et galons en laine jonquille, gland et chéchia jonquille, tombeau bleu, pantalon étroit, jambières en peau) ; il n'a ni turban ni ceinturon ; il porte la croix de la Légion d'honneur, la Médaille militaire, les médailles du Mexique, d'Italie et de Crimée.
> Il regarde un instant autour de lui, puis, jetant un coup d'œil sur son uniforme, il explique sa présence.

Il est retraité, il est colon, mais ayant vu annoncée dans son journal la fête du 24 juin il a dit : « J'en suis » ; et il apporte son cadeau, un petit portefeuille rouge. Il l'ouvre et montre un morceau d'étoffe blanche. Tout ému, il s'explique. C'est un carré de soie qui porte en haut coupé par le milieu le mot Iéna. Bazaine avait donné l'ordre de détruire le drapeau, le colonel hésitait. Ce fut un capitaine qui s'écria soudain : « Qu'on le déchire ! et que chacun de nous en emporte un lambeau ! » Ce morceau fut ma part. »

Le zouave a emporté le carré de soie en captivité (1). Il l'a gardé dans son logis rustique, encadré de deuil, à côté de sa croix. Mais après lui que que deviendra le précieux dépôt? Sa place n'est-elle pas dans la salle d'honneur du régiment? Il vient donc l'offrir au colonel. A ce moment réapparaît le jeune zouave apportant des verres et une bouteille de champagne. A la vue du vieux il met vivement les talons sur la même ligne, se redresse, salue d'un geste large, offre du champagne à son ancien. « Qu'est-ce ce que ceci? s'écrie l'ancien montrant le trophée caché sous le rideau. » Le jeune zouave lui apprend que c'est leur vieux drapeau reconstitué, celui des zouaves de la garde, le drapeau de Metz. « Le mien ! », murmure le vieux très ému et qui tout à l'heure essuie une larme du revers de la main. En attendant il fixe des yeux le porte-drapeau, fait un pas vers lui, montre son lambeau d'étoffe, l'applique, à la place vide, sur le vieil étendard, puis recule et, dans un grand geste :

> Salut à toi, drapeau sacré
> Qui jadis sur les capitales,
> Au son des marches triomphales,
> Flottais dans le ciel empourpré !

(1) Driant a eu la patience de rechercher tous les détenteurs de ces morceaux d'étoffe, et ceux-ci, une fois obtenus, de reconstituer avec eux le drapeau.

Salut à toi, drapeau de gloire,
Drapeau d'Austerlitz, d'Iéna,
Devant qui souvent s'inclina
Le front du Géant de l'Histoire !

LE JEUNE ZOUAVE

Salut à toi, drapeau de deuil
De Saint-Privat, de Gravelotte,
Dont la soie encore sanglote,
Deux fois plus cher à notre orgueil !

LE VIEUX ZOUAVE

Salut à toi, drapeau des braves,
Drapeau mouillé de tant de pleurs !

LE JEUNE ZOUAVE

Drapeau de France aux trois couleurs,
Salut à toi, drapeau des Zouaves !

(Le vieux se tournant vers les zouaves du parterre.)

Saurez-vous tous mourir pour lui ?

LE JEUNE ZOUAVE

(Etendant la main et regardant ses camarades.)

Nous le jurons !
Pour lui, s'il faut mourir, mon ancien, nous mour-
[rons.

Au moment où le vieux zouave va partir, on entend les accents de la Marche du Régiment, d'abord lointains, puis grossissant peu à peu. Le vieux écoute, l'oreille tendue, le corps en arrêt, en serrant fiévreusement son bâton. La musique, les tambours et les clairons entrent par la droite, suivis d'une troupe en grande tenue, sac au dos, arme sur l'épaule, commandée par un sergent qui se range, la musique à gauche et le piquet d'honneur à droite. Le sergent commande : *Baïonnette au canon ! Portez... armes ! Présentez... armes ! Au Drapeau !*

La musique et les clairons sonnent *au Drapeau*.

Le sergent fait reposer les armes, puis tous partent par la gauche, la musique jouant la *Retraite de Crimée*. Le vieux reste avec le jeune ; il semble hypnotisé et, quand la sonnerie s'est éteinte, il s'écrie :

LE VIEUX ZOUAVE

Le rappel au Drapeau !... Jusqu'au fond des en-
[trailles
J'entends cet air sacré vibrer et retentir !

Il regarde encore un instant les deux drapeaux et, levant un bras vers le ciel :

C'est fini ! Maintenant, Seigneur, Dieu des ba-
[tailles,
Sonnez le grand rappel : je suis prêt à partir !

(Le piano accompagne de quelques notes mélancoliques ces deux derniers vers. Et le rideau tombe, tandis que les deux zouaves, le jeune donnant le bras au vieux, s'éloignent lentement).

« Il était minuit passé quand cette pièce prit fin, écrit l'ancien secrétaire de Driant. Des applaudissements répétés montrèrent combien fut appréciée cette œuvre jouée d'ailleurs avec un réel talent par des soldats artistes. « Le général commandant la division fit venir le commandant et lui dit : « Je « vous félicite, vous avez arraché des larmes à un « vieillard », et il lui serra les deux mains ».

Nous connaissons trop Driant maintenant pour supposer que ses occupations à la caserne et ses passe-temps littéraires pouvaient suffire à son activité. La vérité est qu'il saisissait chaque occasion de faire œuvre utile. C'est ainsi que — et ce renseignement c'est encore à l'obligeance de M. Guelfi que nous le devons — « pendant toutes les grandes manœuvres de 1898, le commandant, que ses fonctions de major retenaient à Tunis, fut autorisé à les suivre et à en faire le compte rendu dans la *Dépêche Tunisienne*. Tous les jours, il remettait à ce journal un long article sous la signature « L'homme à la mule ». Ces articles étaient très appréciés par tout le monde. Mais ce qui me surprit davantage, nous dit M. Guelfi, ce fut l'étonnante vigueur de mon chef. Il lui arrivait de faire jusqu'à 130 kilomètres à bicyclette dans la même journée ; il écrivait son article pour le journal, assurait son service à la caserne et recommençait le lendemain ».

Le 25 décembre de la même année, Driant écrit de Tunis à M. Richardot : « Je suis allé à Paris, mardi, entre deux bateaux, entre deux tempêtes, devrais-je dire, car la Méditerranée était démontée. J'ai vu M. de Freycinet, une vieille connaissance : il m'a donné le 69e à Nancy. Une place venait de s'y ouvrir et à défaut d'un bataillon de chasseurs, je tenais à la division de Nancy. Il m'a promis ensuite le 18e bataillon de chasseurs à Stenay pour le mois de mai. « Hélas ! » lui ai-je dit, « vous n'y serez plus en mai ! » « Peut-être plus ce soir ! » m'a-t-il répondu philosophiquement ».

Le courrier qui emportait cette lettre croisa celui qui apportait à Driant son avis de mutation daté du 26 décembre. Voici l'ordre du régiment suivant par lequel le colonel tint à annoncer et à saluer son départ :

« Par décision ministérielle du 16 décembre 1898, le commandant Driant quitte le 4ᵉ zouaves pour prendre le commandement d'un bataillon au 69ᵉ régiment d'infanterie à Nancy.

« Le commandant Driant quitte le régiment, mais il y laisse des souvenirs inoubliables.

« Chef bienveillant, travailleur intelligent et infatigable, animé du désir de se rendre utile à tous, cherchant tout ce qui pourrait jeter du lustre sur le 4ᵉ zouaves, le commandant Driant a su, pendant les deux ans qu'il vient de passer à nouveau au régiment, rendre les meilleurs services et conquérir en même temps les sympathies de tous.

« Le colonel tient à lui rendre ce témoignage avant son départ. Il remercie en outre, et en son nom propre, le collaborateur infatigable et l'ami sûr qu'il a toujours trouvé dans le commandant Driant.

« A Tunis, le 10 février 1899. Le colonel commandant le 4ᵉ régiment de zouaves,

« Cauchemez. »

CHAPITRE VIII

Au 69ᵉ, à Nancy. — Commandant du 1ᵉʳ bataillon de chasseurs à pied, à Troyes. — L'historique des chasseurs à pied. — Driant est félicité à la suite des grandes manœuvres de 1899, mais n'est pas porté au tableau d'avancement par Galliffet — 1900. Il n'est pas porté davantage par André. — Sa conduite courageuse devant un fou furieux. — 1901. — Il n'est porté au tableau ni en 1901, ni en 1902 par le général André. Même ostracisme de la part du ministre Berteaux. — L'affaire de Bar-sur-Seine. — Ses notes parues dans l'*Eclair*. — Sidi Brahim et la dénonciation de la *Lanterne*. — La mesure est comble.

Court passage à Nancy, au 69ᵉ de ligne, régiment de frontière. Mais Driant ne perd pas de vue son rêve de commander un bataillon de chasseurs, il est sur les rangs et des généraux l'appuient chaudement en haut lieu. Au commencement d'avril 1899, il a un fort espoir d'être nommé au 18ᵉ bataillon. Déception! Le ministre M. de Freycinet a cédé aux instances d'un ancien ennemi de Boulanger : « Il me promet une compensation » écrit Driant. « Laquelle? Et quand? Les ministres passent et l'ennemi de mon beau-père le sait bien. C'est un coup dur pour moi, car c'était fait. J'y comptais et Nancy m'aurait bien convenu ».

Le 26 avril, revirement.

« Mon cher Driant, écrit le général de Monard, une chance inespérée se présente pour vous. Le 19º bataillon de chasseurs quitte Troyes pour se rendre à Verdun et est remplacé à Troyes par le 1ᵉʳ bataillon dont le chef, le commandant de Villaret est à la veille d'être promu lieutenant-colonel (nº 2). Si Troyes vous convient, je vous offre le 1ᵉʳ bataillon, ou du moins je vous propose de le demander au ministre. Sans attendre votre réponse je viens d'en écrire au général Millet. Cette fois vous n'aurez pas à craindre le veto et puisque le ministre est bien disposé en votre faveur la chose peut se faire facilement et vite. Troyes vaut mieux que Stenay et le 1ᵉʳ bataillon est superbe. Venez me voir demain matin avant 10 heures. Amitiés. »

Le rêve a pris corps. Après les zouaves, les chasseurs ! Une élite après une élite ! Les chasseurs à pied, de tout temps, ont répondu à la pensée de leur créateur, le duc d'Orléans. C'est une infanterie légère dans toute l'acception du mot, entraînée à la marche, à la course, aux efforts physiques. Et quelle belle histoire, même dans ses vicissitudes ! Si après la Crimée, les exploits de ce corps lui valent de voir le nombre de ses bataillons porté de dix à vingt, un temps d'arrêt survient plus tard, et l'adoption par toute l'infanterie, du fusil, rayé d'abord, puis se chargeant par la culasse, enlève aux chasseurs à pied leur rôle plus spécial de tireurs hors de pair. Après la guerre de 1870, malgré de beaux faits d'armes, leur utilité est mise en discussion : « Quelques-uns de nos chefs estiment, ainsi que veut bien nous écrire de sa retraite le général Hartschmidt, ancien commandant de chasseurs à pied, que les qualités du corps sont obtenues au détriment de la masse d'infanterie. Ils rappelèrent qu'en 1870 des bataillons déjà faibles comme effectif, ayant subi des pertes sensibles, avaient dû être maintenus en réserve. Tout en reconnaissant qu'un commandant de chasseurs, cumulant à la fois les fonctions de colonel, de lieutenant-colonel et de chef de bataillon, peut faire sentir son action jusque dans les rangs des soldats, l'inconvénient de l'exiguïté de l'effectif prévalut dans leur esprit. Heureusement la leçon même de la guerre de 1870 leur donna tort aux yeux du grand état-major. La « nécessité » d'une armée de couverture destinée au début d'une guerre à entraver la marche en avant de l'adversaire et à permettre au gros de l'armée placé plus en arrière d'effectuer sa mobilisation sans heurt ni trouble, sauva les chasseurs.

Ceux-ci furent affectés en grand nombre à cette armée de couverture. Soit dans les garnisons de l'Est, soit en montagne, dans les Vosges ou les Alpes, les chasseurs justifièrent amplement ceux des chefs de l'armée qui avaient demandé leur maintien. Populaires dans l'armée, le droit de les commander était considéré comme une récompense rare ; pas un chef de bataillon de chasseurs à pied qui n'ait déclaré plus tard : « Ah ! c'était mon bon temps ! » Il y avait un si bel esprit d'émulation chez ces gaillards-là. « Marcher vite, dépasser les

« lignards » ! Si un homme est trop faible, qu'il ne fasse pas le tour aux camarades d'être un traînard ! » Vienne la guerre, on voudra dépasser tout le monde !

Tous les bataillons de chasseurs sont superbes, comme écrivait le général de Monard, mais « le premier » l'était tout particulièrement — il l'est d'ailleurs demeuré — et le commander fut une des joies de Driant. Au bout d'un mois de prise de contact avec ses officiers et ses hommes, le nouveau chef avait son bataillon dans la main. Et c'était flatteur, le chasseur ayant vite fait de juger ses officiers avec la même clairvoyance que le haut commandement.

On va aux grandes manœuvres. Driant avec son habituelle bonne humeur en raconte un épisode : l'assaut, au point du jour, du fort de Troyon. Son bataillon avait été placé par le général de Monard, en tête de la colonne d'assaut : « J'ai failli perdre, dans le brouillard extraordinaire qui faisait ce matin-là, et le fort et mon bataillon ; j'ai piqué une course pour ne pas tomber dans ce prodigieux ridicule et c'est en me rappelant l'histoire du Petit Poucet que je retrouvai tant bien que mal mon chemin. »

De retour à la caserne, même ardeur chez le chef, même confiance chez le soldat. A la fin de l'année, Driant semble fixé à Troyes et devoir s'y plaire, beaucoup parce qu'il plaît. Jusqu'à la municipalité de la ville, très avancée en politique ; jusqu'au *Petit Troyen*, son organe, qui ne cherchent pas la moindre noise au gendre de Boulanger.

Comment se fait-il, cependant, que le 29 décembre 1899, il écrive au colonel Monteil, le distingué explorateur africain :

« Permettez-moi de vous demander confidentiellement quelques renseignements.

« J'ai l'intention de rejoindre au Transvaal le colonel de Villebois-Mareuil, notre ami commun.

« Je suis las, même avec le beau commandement que j'ai, de travailler à vide, certain que la guerre pour laquelle nous sommes faits, recule indéfiniment; je suis las de jouer ce rôle inutile, dans une armée injuriée et non défendue, dans un pays qui laisse condamner mon meilleur ami, et le plus droit des hommes, Déroulède, sans se réveiller de sa torpeur.

. . . .

« Ce qui m'arrête, c'est la crainte d'arriver là-bas et d'y être *inutile*, ne connaissant pas la langue du pays.

« Si au contraire j'avais l'assurance d'y trouver seulement 200 Français, je vous assure que j'en aurais vite fait un corps de partisans et d'éclaireurs redoutables.

« C'est à vous que sont venues les demandes. En avez-vous reçu beaucoup? En avez-vous surtout fait partir?

« Quelle voie suivre? Marseille? Lourenço? Combien de temps? Quand y a-t-il un départ direct? connaissez-vous le docteur Luyds? A-t-il un représentant à Paris? Bien entendu je partirais et m'équiperais à mes frais.

« Mon gros crève-cœur sera évidemment de donner ma démission. Aucune autre voie n'est possible, n'est-ce pas? mais je ne veux pas attendre d'avoir soixante ans pour voir une bataille. Et la veulerie générale en France est par trop marquée. Il est visible que nous supporterons tous les coups de pied docilement et qu'une armée dans un pays de servitude n'est plus qu'un instrument de guerre civile; nous réprimerons des grèves; nous tirerons sur de pauvres gens qui essaient de ne pas mourir de faim, pendant que les puissants continuent à s'engraisser. La belle perspective vraiment ! Et comme je préfère me rendre utile ailleurs !

« Toute la question est là : serai-je *utile* ?

« Combien j'aurais dû prendre cette résolution plutôt, partir avec le Colonel de Villebois-Mareuil ; mais vous le savez, il n'a fait part de son projet à personne !

« Une réponse aussitôt que vous le pourrez, mon colonel ; cette trêve tacite entre Anglais et Boers me donnera le temps d'arriver encore et puis cette guerre ne fait que commencer !

« Seulement j'ai peur qu'un beau matin la voie du territoire portugais ne soit fermée.

« A vous bien respectueusement et de tout cœur.

« DRIANT. »

Peu de temps après qu'il avait tracé ces lignes, Driant apprenait que son nom ne figurait pas sur le tableau d'avancement pour le grade de lieutenant-colonel. Quelques semaines avant l'établissement des tableaux d'avancement, un cheval de général avait été tiré par la bride à la suite des obsèques de Félix Faure et le civil qui avait donné à ce cheval la direction de l'Elysée s'appelait Paul Déroulède. Et Paul Déroulède était resté l'ami de cœur, le correspondant à intervalles rapprochés !

La lettre adressée au colonel Monteil n'ayant pas obtenu une réponse conforme au désir exprimé,

Driant attendit philosophiquement un changement d'idées chez le ministre, ou même un changement de ministre, et continua de se montrer un parfait commandant de chasseurs à pied, méritant de son chef direct, le colonel de Nonancourt, une note plus élogieuse encore que les précédentes, si c'est possible. Entre cette note et la date de la réunion du comité de classement, cinq ou six mois se placent. Les tableaux d'avancement vont passer sous les yeux de la commission de classement. Coup de théâtre! Il n'y a plus de commission de classement. Le nouveau ministre nommé à la date du 5 mai, le général de Galliffet, a revendiqué pour lui un droit exclusif à disposer de la carrière des officiers. Driant apprend d'une source indirecte mais sûre qu'il ne sera pas porté au tableau. Il ne paraît pas pourtant qu'il ait été victime d'un mauvais vouloir personnel chez Galliffet. Des amis qui ont plus que lui l'ambiance de la rue Saint-Dominique lui assurent que ce chef, qui a la dent dure, ne mordra pas sur lui. Au contraire; qu'il continue à faire son devoir; tout ira bien.

Il continue. L'année suivante c'est à peine s'il s'échappe de Troyes une fois ou deux pour faire un tour à l'Exposition Universelle; d'où il revient plutôt attristé; il a vu trop d'oublieux de Sedan se pâmer devant l'art nouveau allemand, jouer du coude pour arriver les premiers au restaurant allemand.

A Troyes, entre deux exercices sa pensée dominante c'est toujours son rôle social vis-à-vis du soldat, le devoir de le perfectionner moralement. Sa sollicitude va jusqu'à tracer à ses chasseurs, pour leur temps de permission, ces conseils :

« Le chasseur en permission doit toujours avoir une belle tenue, réglementaire et sans fantaisie, une attitude fière, une allure dégagée; il doit se respecter dans ses fréquentations, dans ses conversations en public.

« Il doit par-dessus tout éviter l'ivresse qui dégrade, abrutit et mène aux pires conséquences.

« Il doit en tout temps et en tous lieux les marques de respect à tous ses supérieurs à quelque corps qu'ils appartiennent.

« Il doit porter secours et assistance à toute personne en danger et faire, en toute circonstance, par son courage et son attitude, honneur au 1er bataillon qui est sa famille militaire. »

A la fin de l'année 1900, n'ayant eu aucune anicroche avec les autorités de l'Aube, et toujours admirablement noté, il se croit autorisé à écrire : « Je suis absolument sûr d'être porté cette année au tableau. Galliffet s'y est engagé formellement ». Deux jours après, il recevait la dépêche : « Galliffet démissionnaire remplacé par André ». — Diable, André ! L'artilleur poussé par Brisson ! — 1900 se passe; Driant n'est pas porté.

Dès ce moment, il comprend qu'il y a quelque chose de changé pour lui parce qu'il y a beaucoup de changé pour la France. Jusque là, la politique n'était intervenue dans l'armée d'une façon manifeste que pour la nomination du ministre de la guerre; il était naturel qu'une République ne confiât le portefeuille de la guerre qu'à un soldat républicain ou tout au moins loyaliste ; mais, pourvu que les officiers fussent eux-mêmes loyalistes, les ministres de la guerre républicains, à de rares exceptions près, ne leur faisaient pas porter la peine des opinions de leur famille ou de leur milieu; Driant en pouvait témoigner pour lui-même. Après tout, les ministres républicains qui avaient succédé à son beau-père avaient oublié l'existence de ce beau-père quand on leur mettait sous les yeux les notes du gendre. Mais tout ce qu'il savait sur André, toutes les mesures prises par ce dernier le pénétrèrent de la pensée que son avancement allait être aussi nettement barré, en raison de ses liens de famille avec Boulanger, que pouvait l'être celui de tel ou tel officier dont le seul crime était de porter sur son état civil ce qu'André appelait des noms à courant d'air, ce qui voulait dire, dans son vocabulaire personnel, des noms à particule. André n'était pas ministre depuis six mois que Driant se demandait déjà — avec quel serrement de cœur! — s'il pourrait rester dans l'armée.

*
* *

Mais qu'il y reste ou qu'il parte demain, il n'en fera pas moins tout son devoir et plus que son devoir.

Le 13 janvier 1901, le commissaire de police de Sainte-Savine (faubourg de Troyes) rend visite au commandant. Il demande un piquet de 20 hommes chargé d'assister la gendarmerie pour procéder à l'arrestation d'un dangereux énergumène nommé Coquard qui s'est barricadé dans sa maison, d'où bien armé, il a tiré sur la foule à plusieurs reprises, tuant un homme, en blessant plusieurs autres.

Driant se rend à Sainte-Savine, avance seul et sans armes vers la maison de Coquard pour le sommer de se rendre. On entend un coup de feu.

Coquard tire sur le commandant, le manque, et se fait justice à lui-même.

Une enquête se fait, à la suite de laquelle Waldeck-Rousseau, président du Conseil des ministres, adresse la lettre suivante au ministre de la guerre André :

Ministère de l'Intérieur

Direction
du personnel
et du Secrétariat

2ᵉ Bureau
Affaires Politiques

Nº .....

Aube

Sainte-Savine

M. le Commandant Driant

RÉPUBLIQUE FRANÇAISE

Paris, le 23 janvier 1901.

Monsieur le ministre et cher collègue,

J'ai l'honneur de vous faire connaître, à toutes fins utiles, qu'aux termes d'un rapport que vient de m'adresser M. le préfet de l'Aube, au sujet des événements récents de Sainte-Savine, M. le commandant Driant a fait preuve, en ces circonstances, d'une conduite courageuse.

Je suis heureux de vous signaler ce fait, en vous laissant le soin de donner à la présente communication la suite qu'elle vous paraîtra comporter.

Agréez, monsieur le ministre et cher collègue, l'assurance de ma haute considération.

*Pour le président du conseil,
ministre de l'intérieur et des cultes :
Le conseiller d'Etat, secrétaire général,*
Signé : DEMAGNY.

Voici la réponse faite à la bienveillante suggestion de Waldeck-Rousseau : d'abord le silence de rue Saint-Dominique, ensuite cette note :

1902. — Avril
Comme commandant du 1ᵉʳ bataillon chasseurs

Le commandant Driant n'a pas été inscrit au tableau d'avancement comme on l'espérait et a montré encore plus de zèle, si c'est possible.

Toul, le 20 avril 1902.

Général de Nonancourt.

Cette observation du général de Nonancourt est précédée de ces lignes : « On ne saurait trop faire d'éloges de cet excellent officier supérieur, chef de corps accompli, d'un dévouement absolu, d'une intelligence et d'un esprit élevés, d'une activité et d'un entrain remarquable. »

Après ce chef, un subordonné qui fut un officier très estimé de Driant a pu récemment, à tête reposée, nous donner un Driant, à Troyes, complet. Toutes les vertus militaires passent dans cet exposé.

« **Activité.** — Toujours à bicyclette ou marchant d'un pas rapide qui tenait du pas de course.

Partout, à la caserne, dans les chambres, cuisines, écuries, voyant tout.

...A l'extérieur, suivant les compagnies au service en campagne, au champ de tir, là prenant part lui-même aux concours.

Puissance remarquable de travail. — S'occupe de son bataillon toute la journée. A 9 heures au quartier au plus tard chaque jour, rapport, inspections ... l'après-midi marches, manœuvres, tir.

Toute la soirée travail personnel, romans, jusqu'à 1 heure, 2 heures du matin.

Préoccupé constamment du rôle social du chef. — Bien-être du travail, instruction, conférences par des officiers, par des instituteurs, des professeurs d'agriculture... — crée un petit jardin d'expérience.

Action sur le moral. — Réunions récréatives périodiques dans chaque compagnie, toujours précédées d'une causerie par un officier.

Chaque année à l'époque où se fait dans les régiments la présentation du drapeau aux recrues, « fête du drapeau » : Revue, jeux à la caserne et, le soir, une réunion plénière du bataillon à la Halle de la Bonneterie, débutant par une conférence du commandant sur le drapeau, suivie de comédies jouées par des chasseurs et des officiers, de monologues, de chants...

Instructeur. — Le bataillon était un des plus alertes et des mieux entraînés qu'on ait jamais vu.

Au moins une fois par semaine il partait à 1 heure, 2 heures, 3 heures du matin, pour une manœuvre de la journée, faisait une grand'halte à 15 ou 20 kilomètres de la garnison et rentrait le soir. Les chasseurs étaient enchantés de ces équipées.

Le bataillon fit une fois 110 kilomètres en deux jours : Troyes, Bar-sur-Aube. A titre d'exemple, un officier et quatre sous-officiers firent les 110 kilomètres d'une traite sans autre arrêt à Bar que le temps de dîner.

Au cours de ces manœuvres de bataillon la grand'halte réunissait tous les officiers à une même table que présidait le commandant. Quelquefois les femmes des officiers déjeunaient avec les officiers, et la manœuvre prenait les allures d'un pique-nique.

L'entraînement, l'allure du bataillon, étaient renommés. »

Le résultat d'un tel entraînement ? Driant peut écrire, le 26 janvier 1903 :

« Mes chasseurs ont ahuri hier les attachés américains et suédois qui étaient venus avec une autorisation du ministre voir une opération à balles. Se présentant magnifiquement, ils ont admirablement tiré et l'attaché américain m'a dit, réellement empoigné : « Est-ce qu'ils sont tous comme ça ? » — « Tous, » ai-je répondu sans hésiter... Ah ! braves gens ! Et pas un traînard pour rentrer le soir avec le sac et la chaleur ! Quelle peine j'aurais à les quitter ! »

Il fera de son mieux pour reculer cette heure douloureuse. Il écrit à un ami :

« Je suis décidé à tout subir, à être privé de mon cher bataillon, à m'en aller dans un trou mais je resterai le commandant Driant jusqu'à ma limite d'âge de cinquante-six ans, soit encore huit ans. Il faudrait pour que je me ravise, que je voie dans un mandat de député certain, et auquel d'ailleurs je me prépare par l'usage fréquent de la parole, un moyen sûr d'être utile à cette armée qui se défend si mal. Mais, jusqu'à nouvel ordre, je crois que le meilleur moyen de la défendre c'est de ne pas l'abandonner ».

Ces idées de candidature se réduisent bientôt à des velléités. Peut-être sous l'influence de son foyer. En souvenir des cruelles années vécues par sa mère, Mme Driant s'effraie pour son mari de la vie publique qui fut si fatale à son père. Toujours est-il que le 13 janvier 1904, Driant écrit au même ami que tout à l'heure : « Je n'ai jamais eu sérieusement l'intention de briguer un mandat de député. On m'a offert dans deux ans la candidature à Troyes et à Bar-sur-Seine. On m'a dit que j'avais la plus grande chance. J'ai fait semblant d'écouter, de dire oui, pour donner le trac à certains qui me haïssent et que je méprise, mais j'adore mon métier. Je lui ai donné ma vie et ce n'est pas pour un arrêt dans mon avancement que je changerai d'avis. »

Mais c'est vraiment du courage de ne pas *s'en aller*, comme disent les militaires. La vie qui lui est faite est si rude! Il se sait soupçonné, dénoncé par des politiciens sectaires ou arrivistes.

C'est ainsi que l'idée innocente d'une fête militaire à donner à la population de Bar-sur-Seine tourne contre lui. Un groupe antimilitariste fait apposer sur les murs de la ville l'affiche suivante :

Aux Barséquanais

« M. Driant, commandant le 1ᵉʳ bataillon de chasseurs à pied, à Troyes, désirant ajouter une plume à son panache, espère vous amener son bataillon le 19 courant. Il a, dans ce but, demandé le *cantonnement* à vos édiles, ce qui lui a été accordé par dix voix contre trois et une abstention. — En échange, après une pénible marche de trente-trois kilomètres, les 900 pauvres bougres, chasseurs et réservistes, vous offriront une *superbe* fête *militaire* : retraite *militaire !* concert militairrre !! bal militairrre !!!

« Nous aurons, un jour prochain, l'occasion de vous démontrer *l'inutilité de l'armée*.. Permettez-nous, aujourd'hui, de demander si c'est là *son but*; s'il est nécessaire d'éloigner, pendant de longs jours, des jeunes gens de leur famille, pour en faire les jouets vivants d'un galonné en mal de réclame ! »

Nous ignorons si la démonstration de « l'inutilité de l'armée » a été faite à une population d'ailleurs très patriote et que dix ans plus tard sauva l'armée de la Marne ; mais ce qui fut démontré c'est malheureusement le crédit du groupe antimilitariste de Bar-sur-Seine. Le ministre de la guerre contremanda la fête projetée et le ministre de l'Intérieur prit un arrêté de suspension contre le maire coupable d'avoir protesté.

Et la guerre continue sournoise. L'inutilité, sinon déjà de l'armée, du moins de Driant dans l'armée apparaît à certains fonctionnaires du département si éclatante qu'ils n'attendent pas ce départ pour l'annoncer à haute voix dans les cafés de Troyes.

Le secrétaire général de la Préfecture de l'Aube dit à un sous-officier du bataillon : « Eh bien! votre commandant s'en va et le bataillon aussi. Vous allez quitter Troyes ». A une autre personne, le même fonctionnaire déclare considérer cette nouvelle comme un triomphe personnel sur le commandant d'armes. Driant écrit immédiatement au ministre de la guerre :

« Il m'est difficile de croire que le secrétaire général est mal renseigné. Si donc le 1ᵉʳ bataillon quitte Troyes, c'est à cause de moi.

« Or, si j'eusse été heureux de voir le 1ᵉʳ bataillon de chasseurs envoyé à l'extrême frontière, où est sa place de couverture, pour des raisons militaires, je ne puis accepter de le voir participer à ma disgrâce, si disgrâce il y a. Des sous-officiers rengagés et mariés de mon bataillon sont encore endettés par le fait du changement brusque et sans indemnité qui leur a été imposé en 1899 quand le corps fut envoyé de Verdun à Troyes. Cinq officiers ont leurs enfants au Lycée de Troyes; deux y sont mariés, d'autres y ont leurs intérêts il me serait profondément pénible de voir tout cela sacrifié à des combinaisons qui, sous prétexte de remaniement de garnison, ne visent que moi.

« J'ai donc l'honneur de demander respectueusement à M. le ministre de la guerre de me relever du commandement que j'exerce depuis quatre ans et demi et de m'envoyer où il voudra, mais sans déplacer le 1ᵉʳ bataillon de chasseurs. »

La lettre reste sans réponse. Il semble que le secrétaire général ait pris à ce moment son désir pour une réalité. Mais ce n'est que partie remise. Le mauvais vouloir du ministère s'accentue de jour en jour. L'arrivée aux affaires d'un nouveau président du conseil avait fortifié les entreprises de l'antimilitarisme. A la suite de dénonciations qui révoltent souvent les tempéraments les plus placides et Driant n'est pas un révolté, son loyalisme vis-à-vis du gouvernement de la République s'indigne à bon droit, le jour où il a connaissance d'une des fiches qui le concernent et que voici : « En dehors de trois ou quatre, les officiers de la garnison suivent tous la politique et la philosophie du commandant Driant-Boulanger, pour lequel il est grandement temps de prendre des mesures en vue de la politique générale du département ». Le 5 novembre, s'adressant aux officiers de son bataillon, Driant s'exprima ainsi :

« Messieurs, cette tâche, nous la remplirons, comme nous l'avons fait ensemble depuis bientôt six ans, dans les sentiments de notre devoir, dans une confiance réciproque, dans l'union.

« Dans l'union surtout.

« Car l'union est plus que jamais nécessaire, à une heure où l'armée traverse une douloureuse épreuve.

« Cette épreuve, vous la connaissez tous.

« La délation s'est introduite parmi nous.

« De cette délation, des camarades ont pâti, d'autres, — comment a-t-il pu s'en trouver dans nos rangs ? — d'autres en ont profité.

« Des hommes portant notre uniforme l'ont transformé en une livrée de lâcheté.

« Car la délation est la pire lâcheté.

« Supporte cela qui veut, mais j'estime qu'il y a des moments où le silence devient lâcheté, lui aussi...

« Et je le romps devant vous, aujourd'hui dans cette salle d'honneur consacrée au culte de ce que nous avons de plus cher, pour dire que s'il existe au bataillon un délateur au masque de camarade, *je le soufflette du mépris du chef de corps.* »

Ces paroles n'étaient pas destinées à la publicité. Citées de mémoire par Driant, elles furent livrées au *Petit Journal* par une amitié imprudente qui crut bien faire et qui s'excusa plus tard de sa légèreté. Driant mis en demeure de s'expliquer établit, dans une lettre adressée au Général commandant le XXᵉ corps d'armée, son irresponsabilité dans la publication. « Celle-ci est incomplète du reste, ajoute-t-il, car j'ai dit aussi : « J'espère que le « bataillon est exempt de cette tare. » Malgré cette explication, ou à cause d'elle, Driant reçut une réprimande, la seule que sa carrière lui ait valu jusque-là.

A quelques jours de là, la campagne des fiches entrait au Parlement dans une phase dramatiquement retentissante. Un député nationaliste de la Seine, M. Guyot de Villeneuve, muni d'un dossier accablant, ayant fait à la Chambre des révélations graves sur ces pratiques, ses amis politiques prirent feu, s'excitèrent mutuellement et » quelques jours de là, en pleine séance, un soufflet s'abattit sur la figure du général André assis à son banc. On juge du bruit que fit cette voie de fait en dehors du Parlement. Son auteur, M. Syveton, exalté par les uns, vilipendé par les autres, conquit, en un jour, la célébrité à son nom, mais non pas l'approbation générale du corps d'officiers. Les rares juges impartiaux de l'incident observèrent plusieurs cas psychologiques curieux d'esprit militaire persistant quand même chez les victimes d'André. C'est ainsi que si Driant n'alla pas, comme le général Geslin de Bourgogne jusqu'à faire inscrire son nom chez le ministre giflé, il n'approuve pas un fait outrageant pour le chef de l'armée, quel qu'il soit. Sa réserve se prolongea même quand il sut que l'outrage ne serait pas relevé, sinon l'épée à la main, du moins, vu l'âge de l'offensé, le pistolet au poing, mais il se sentit libre le jour où le ministre démissionna pour disparaître à jamais de la vie publique et son parti fut vite pris au reçu de cette lettre :

« Ce 27 novembre 1904. — Mon commandant, je me permets de m'adresser à vous pour une requête que vous voudrez bien excuser, j'espère, même si vous ne pouvez pas me l'accorder. Je vous demande de m'autoriser à vous citer comme témoin dans mon procès qui aura lieu le 6 décembre devant le jury de la Seine.

« Je vous le demande, mon commandant, parce que vous avez courageusement flétri la délation comme chef de corps, parce que mon ami Villeneuve m'a parlé de la lettre que vous lui avez écrite, parce que ma cause va être, par la force des choses, la cause des dénoncés contre les délateurs, et aussi parce que je vais jouer ma liberté dans un procès qui est le dernier épisode d'une lutte que je mène depuis cinq ans,

« Je ne songe pas à vous demander d'approuver

mon acte en lui-même ; j'ignore quel jugement vous avez porté sur lui ; mais vous êtes en situation de flétrir la délation avec une autorité toute particulière, et c'est là ce qui me rendrait votre témoignage précieux et utile.

« Même si vous ne deviez pas être autorisé à déposer, la simple citation aurait son effet.

« Permettez-moi d'espérer une bonne réponse et de vous la demander assez prompte, les délais étant maintenant bien courts. Et veuillez agréer, etc... Gabriel Syveton.

Driant répondit courrier par courrier :

« Monsieur, vous ne me connaissez pas et pourtant vous m'avez fait l'honneur de me demander mon témoignage devant le jury de la Seine le 6 décembre prochain.

« Je vous ai télégraphié de suite que j'étais à votre disposition. Cette lettre vous confirmera que je suis prêt à répondre à votre appel.

« Car je pense que vous avez songé à moi, non pour émettre une appréciation sur l'acte que vous avez commis, appréciation que je m'interdis absolument, mais pour faire entendre à ceux de nos concitoyens qui le jugeront, la voix d'un des officiers que votre geste voulut venger.

« Dans cet ordre d'idées, oui, je parlerai ; et si le hasard me fait ce jour-là le porte-parole de ces milliers de camarades bassement espionnés, je le dirai bien haut : « Le système qui, depuis quatre ans,
« fonctionne à notre insu, dans l'ombre, brisant
« des carrières, éteignant des vocations, jetant la
« désespérance et le doute dans nos rangs, ce
« système est méprisable et funeste, indigne d'une

« nation généreuse comme la nôtre, indigne sur-
« tout d'une armée dont l'honneur est la base. »

« Je dirai encore : « Honte à ceux des nôtres qui,
« à l'abri du nom sacré de camarade se sont faits
« les pourvoyeurs d'une officine que ces pratiques
« antifrançaises marquent d'une tare indélébile.
« Honte surtout à ceux qui les ont introduites dans
« notre armée jadis si unie, si confiante, aujourd'hui
« divisée, presque craintive ! »

« Mieux vaudrait une bataille perdue, car avec
du cœur et de la confiance on peut la regagner le
lendemain

« Et si je pouvais espérer que ma modeste voix
porte plus loin, je crierais à ces camarades de tous
grades qui, chaque jour, à l'apparition de ces fiches
venimeuses, souffrent dans leur dignité, dans leur
réputation, dans leurs croyances, dans leurs familles même, je leur crierais : « Démasquez ces drôles,
« fouaillez-les de votre mépris et chassez-les de vos
« rangs ; ils ne sont qu'une infime minorité. L'exé-
« cution est facile. Le sentiment de la discipline,
« si noble soit-il, n'exige pas que vous supportiez
« tout cela ; l'audace des délateurs est faite de
« votre patience excessive ; soyez moins patients.
« Pour l'honneur de l'armée, sus aux délateurs,
« mes camarades. Faites ce que vous voudrez,
« advienne que pourra ! »

« Voilà, Monsieur, ce que trente mille officiers
pensent aussi. Et comme le jury n'est pas seulement qualifié pour distinguer entre le juste et l'injuste, mais qu'il s'y connaît, lui aussi, en matière
d'honneur, je suis bien sûr qu'il ferait, en vous
jugeant, la part de l'indignation. »

Syveton répondit par retour du courrier :

« Mon commandant, votre lettre m'est bien parvenue ce matin. Je vous remercie de cette vibrante protestation. J'espère que votre voix la fera entendre au jury de la Seine et que rien ne s'opposera à votre audition ; l'action personnelle, directe, d'un témoin tel que vous vaudra toute une plaidorie. Mais si des ordres hiérarchiques (j'ignore si cela est possible) s'opposaient à votre présence, votre parole s'entendrait encore par cette admirable lettre.

« Encore merci de tout cœur, mon commandant, etc... »

Driant mettait la dernière main à la déposition qu'il allait faire devant le jury, lorsqu'en ouvrant les journaux du matin, il lut que Syveton avait été trouvé mort, la tête dans la cheminée de son cabinet de travail. Suicide ? Attentat ? Avant que l'histoire soulève les voiles qui entourent ce mystère, il est loisible de dire que l'audience aurait été sensationnelle du fait de la déposition de Driant.

Mais si le commandant du 1er bataillon de chasseurs put regretter de n'avoir pas ce jour-là parlé à l'armée et à la France avec le retentissement que donne un prétoire de Cour d'assises, son optimisme habituel lui fit croire que sa cause, déjà à moitié gagnée par la démisssion du général André le serait presque entièrement auprès du successeur. Oubliant qu'un des premiers actes de M. Berteaux avait été de liquider, un peu trop à la satisfaction des antimilitaristes, l'affaire encore pendante de Bar-sur-Seine, il ne voulut se rappeler qu'une interview donnée à M. Stéphane Lauzanne, rédacteur au *Matin*, où M. Berteaux, après avoir critiqué la routine des commissions de classement et le système de son prédécesseur, annonçait une troisième méthode, la sienne, de nature, affirmait-il, à donner satisfaction à tous les intéressés, parce qu'elle procède des principes mêmes de l'équité et du droit.

« Cette troisième méthode, ajoutait le nouveau ministre, que je vais appliquer immédiatement, à titre d'essai, et qui, je l'espère, deviendra définitive dans toute l'armée française, est celle qui consiste à classer, faire avancer et récompenser les officiers sur les notes qui leur seront exclusivement données par leurs chefs hiérarchiques, et qui ne seront pas des notes mystérieuses ou anonymes, mais publiques, ouvertes, portées, à la connaissance de tous. Ainsi, un officier doit-il être inscrit au tableau d'avancement ? Pour décider de son inscription, il y aura lieu de prendre la moyenne des notes qui lui auront été données d'abord par son colonel, ensuite par son général de brigade, ensuite par son commandant de corps d'armée, enfin par le ministre lui-même. Je ne pense pas qu'il y ait un seul officier dans l'armée, ni un seul homme de bon sens dans le Parlement, qui puisse élever la voix contre un pareil système fonctionnant ouvertement, au grand jour, à la connaissance de tous. Je ne pense pas que qui que ce soit puisse prétendre que les meilleurs juges de la valeur d'un officier ne soient pas ses supérieurs hiérarchiques, depuis le colonel du régiment dont il porte le numéro au collet, jusqu'au ministre, chef de toute l'armée. » Le ministre concluait que le droit des officiers est que le gouvernement n'ait pour eux que des sentiments d'impartialité et de bienveillance et il promettait pour son compte d'écouter toutes les observations, toutes les réclamations, toutes les plaintes.

D'autre part les amis de M. Berteaux et ses nombreux obligés répandaient le bruit que ce dernier avait jeté les fameux registres classant les officiers en deux catégories : Carthage et Corinthe ? M. Berteaux était-il sincère ? Quelques-uns qui n'étaient pas ses obligés, ont pu le croire et le dire. Toujours est-il qu'il ne tarda pas, en cela disciple de Talleyrand, à se défier de son premier mouvement qui était le bon. S'il communiqua aux officiers leurs notes secrètes, il ne tint pas toujours compte pour le classement de celles qui, données au grand jour, leur étaient favorables. Driant ne fut pas compris sur le tableau d'avancement dressé à la fin de 1904.

C'est à cette date, qu'il envisagea résolument la perspective de quitter l'armée, avec quel déchirement de cœur! Mais il n'était pas homme à ne point appréhender le saut dans l'inconnu, à omettre de prendre le temps de donner des coups de sonde dans les milieux civils où il avait su se créer, dans ses courtes incursions à Paris, de sérieuses sympathies, afin d'employer de son mieux ses facultés, moins dans son intérêt propre que dans celui de son pays. Donc il continua son service comme si, au courant de l'année, il avait eu le droit de faire coudre à sa tunique les cinq galons de lieutenant-colonel.

Toutefois, dans la pensée qu'il devait à ses camarades de l'armée, à sa famille, à ses amis, mieux que le silence sur d'éclatants et répétés dénis de justice, il commit un péché véniel. Le 22 mars, l'*Eclair* publiait, sous le titre : « La Justice de M. Berteaux », un article où, après avoir donné dans leur ordre les notes obtenues par Driant depuis le début de sa carrière, il demandait les causes d'un ostracisme qui étonnait l'opinion. Cet article provoqua la note suivante :

« Le journal l'*Eclair* publie comme article de tête, sous la signature de M. Ernest Judet, dans son numéro du 22 mars un article intitulé : « La justice de M. Berteaux ».

« En prévision d'une demande d'explications probables de la part de l'autorité supérieure, le général commandant la 39e division prie M. le commandant Driant de lui faire connaître par qui les renseignements contenus dans l'article sus-visé ont été donnés à M. Judet et de lui fournir, le cas échéant, toute justification qu'il jugera nécessaire ».

Driant répond :

« J'ai l'honneur de vous donner ci-après les explications que réclame votre lettre du 23 mars.

« Quand parut la circulaire du ministre ôtant aux notes du personnel leur caractère secret j'allai trouver mon général de brigade et lui demandai communication de mes notes.

« Je tenais essentiellement à savoir en effet si elles contenaient une appréciation de nature à justifier mon éloignement systématique du tableau.

« Le général me remit mon dossier, et, m'installant dans le bureau de son officier d'ordonnance, je le lus en entier. Je n'y trouvai pas un mot de nature à expliquer l'ostracisme dont j'étais l'objet.

« Désireux de prouver plus tard à mes enfants que mon avancement avait été enrayé et mon avenir brisé pour des raisons étrangères à ma vie militaire et privée, je pris copie de mes notes.

« Ce faisant, je n'ai violé aucune règle ; ces notes pouvant être confiées à ma mémoire avec l'autorisation du ministre lui-même, pouvaient tout aussi bien me rester par écrit.

« Quand le tableau parut, M. Judet m'écrivit : « Qu'avez-vous donc fait pour n'y pas figurer ? »

« Je lui répondis : « Je sais depuis peu que mes « notes ne contiennent rien qui puisse me faire « exclure : au contraire ; lisez les. »

« Et je les lui envoyai sous pli recommandé.

« En même temps j'écrivis à mon général de brigade pour lui faire connaître que j'avais pris copie de mes notes, tenant à ce qu'il ne l'ignorât point.

« M. Judet a cru devoir publier ces notes et les entourer d'appréciations qui lui sont personnelles. Il l'a fait sous sa responsabilité. Je n'ai à cet égard aucune explication à donner.

« Mais puisque l'occasion m'en est offerte par votre lettre, j'ai l'honneur de vous demander, et par vous au ministre, pour quelle raison étrangère à mes notes militaires ma carrière est brisée.

« Je suis sûr d'être toujours resté à Troyes dans la correction politique : j'en ai pour garant le témoignage de M. Grégoire, préfet de l'Aube, qui m'y connaît depuis cinq ans.

« Un officier sacrifié à des rancunes ou à des

rapports qu'il ne connait pas a le droit de savoir d'où vient le coup qui le frappe.

« Une injustice a été commise à mon endroit, injustice à laquelle n'a participé aucun de mes chefs du XXe corps, puisque leurs notes, leurs avis, leurs classements me sont connus.

« Je demande à notre chef, le ministre de la guerre non de la réparer, il est trop tard, et on ne refait pas une carrière qui touche à sa fin, mais de donner à un de ses surbordonnés une explication, que je donnerais, moi, au dernier de mes chasseurs.

« S'il m'est prouvé que j'ai failli, je m'inclinerai. Si pour toute réponse, je suis frappé de nouveau, j'attendrai d'une justice supérieure une réparation, et on aura ainsi jeté hors de sa voie un officier qui, avait voué à l'armée, son refuge, un véritable culte et s'était renfermé jusque là dans son devoir militaire. »

Le 5 avril, le général commandant la 39e division écrivait la note de service suivante :

« Le général commandant la 39e division a reçu et transmis au ministre les explications de M. le commandant Driant, commandant le 1er bataillon de chasseurs, au sujet de l'article le concernant publié par le journal l'*Eclair* (n° du 22/3/05), sous la signature de M. Ernest Judet.

« Il résulte de ces explications, que M. le commandant Driant a pris copie, sans autorisation, de ses notes personnelles et les a communiquées à une personne étrangère à l'armée.

« Cet acte constitue une faute au point de vue de la discipline et, bien que cette faute soit atténuée, en partie, par la déception qu'a dû éprouver ce chef de corps, de ne pas se voir inscrit au tableau d'avancement, le général de division croit devoir la réprimer par une punition de quinze jours d'arrêts simples, pour le motif suivant : « A, sans autorisation, pris copie de ses notes personnelles et les a communiquées à une personne étrangère à l'armée.

« Cette punition datera du 25 mars et prendra fin le 8 avril courant... »

En même temps le ministre répondait, aux demandes d'explication de Driant, par un faux-fuyant. Oubliant que le commandant du 1er bataillon de chasseurs avait été proposé cinq années consécutives pour le grade supérieur avec le n° 1, il déclarait : « En ce qui me concerne, ayant à choisir entre un nombre assez grand de candidats, tous parfaitement notés, et ne disposant que d'un nombre relativement restreint d'inscriptions à faire, j'ai éliminé comme c'était mon droit, pour le tableau de 1905, le seul de ces candidats qui, dans le courant de l'année, a reçu des observations du ministre « pour « s'être départi du calme et de la mesure qui doi- « vent toujours présider aux paroles prononcées « par un chef de corps ».

Driant n'en avait pas fini avec les tribulations que peut donner la presse, ennemie aussi bien qu'amie.

En juin 1906, la *Lanterne*, à propos de la fête de Sidi-Brahim, si chère au cœur des chasseurs à pied, signala « un scandaleux abus de pouvoir, attentat à la liberté de conscience », une complicité avec *la bande romaine*. Le commandant Driant avait fait célébrer un service funèbre à la cathédrale de Troyes. L'évêque officiait.

M. Berteaux crut devoir prendre en considération cette prise à partie et, le 21 août, il demande des explications au commandant du XX° corps.

Réponse de Driant :

« J'ai l'honneur de vous rendre compte, en réponse à la demande du ministre en date du 21 août, que la fête de Sidi-Brahim, a eu en 1905, le caractère qu'elle a chaque année au 1er bataillon, et, j'ajoute le caractère qu'elle a dans tous les régiments et bataillons de l'armée.

« Il suffit d'être officier pour savoir que ces sortes de fêtes débutent toujours par un service funèbre en l'honneur des morts.

« Il est de tradition, en effet, que l'hommage à rendre aux anciens dont le souvenir s'évoque en ces anniversaires, ne peut consister uniquement en jeux, réjouissances ou repas plus ou moins copieux. Cet hommage exige une conception plus élevée à laquelle répond le service funèbre.

« Si mon bataillon comprenait 900 juifs et 2 catholiques, j'aurais organisé ce service à la synagogue. Comme il comprend exactement la proportion inverse, je l'ai organisé à la cathédrale.

« Mgr de Pélacot, évêque de Troyes, ancien aumônier militaire, décoré pendant la guerre, oncle et frère d'officiers tient à présider lui-même chaque année cette cérémonie. Je ne puis que le remercier de l'éclat qu'il y ajoute.

« Cinq mille Troyens et près de 500 chasseurs s'y étaient rendus en 1905. Cette affluence considérable et spontanée ne fait que me confirmer dans l'idée que cette cérémonie correspond à un besoin moral

« Mais ce que je me suis bien gardé de faire, c'est de *contraindre qui que ce soit parmi mes subordonnés* à y assister.

« J'en donne, comme témoignage les instructions autographiées ci-jointes portant la date du 25 juin 1905 et spécifiant que les chasseurs qui désireraient assister au service funèbre s'y rendront volontairement et isolément.

« Elles prouveront en même temps, qu'une fête qui comprenait : « Poule à l'épée, retraite et défilé
« des anciens costumes de chasseurs, revue et allo-
« cution du chef de corps, service funèbre, repré-
« sentation au quartier, réception au cercle et
« banquet de compagnies », ne peut vraiment passer pour *avoir revêtu un caractère religieux.* »

Il envoie sa lettre. Le lendemain il éprouve une déconvenue ; il avait espéré qu'un général entré récemment dans le cadre de réserve ferait entendre en haut lieu quelques-uns des griefs de l'armée; cette démarche ne se fit pas, ou du moins, avec toute l'autorité nécessaire. Ce jour-là Driant comprit que ceux-là seuls, parmi les anciens militaires ayant le droit de parler pour « la grande muette », se font entendre, qui du haut de la tribune de la Chambre s'adressent au pays tout entier. « Je ne serai jamais député » avait-il dit autrefois; « je serai candidat », s'écrie-t-il, à la lecture d'une lettre de service lui notifiant qu'il était frappé de quinze jours d'arrêt...

Et il envoie sa demande de mise à la retraite.

Entre temps, il partait pour les manœuvres.

Comment le bataillon s'y comporta. Une décision du 14 octobre 1905 va nous le dire :

« Au moment où le bataillon rentrant de manœuvres va se dissocier par le départ des réservistes et la libération de la classe, le commandant tient à adresser à tous l'expression de sa profonde gratitude pour le concours qui lui a été donné à tous les degrés.

« En aucun moment pendant la période de très réelle fatigue subie aux manœuvres d'armée, il n'a constaté une trace de dépression morale. La belle humeur a toujours percé sous la lassitude visible, et nombreux sont les braves gens qui ont fait preuve de caractère en surmontant la douleur ou en triomphant de l'épuisement.

« La discipline a été respectée partout, au cantonnement comme à la manœuvre. Aucune punition grave n'a attristé ces douze jours, et le bataillon n'a depuis le départ de Troyes évacué que treize hommes.

« Ce résultat, il est nécessaire de le redire, est dû à un état d'esprit général caractérisé par l'affection des officiers pour leurs chasseurs et par la confiance de ceux-ci dans leurs officiers

« Aussi le commandant ne saurait assez remercier MM. les commandants de compagnie qui n'ont jamais ménagé leurs efforts pour parer à tous les besoins, les officiers de peloton qui se sont toujours préoccupés de l'installation de leurs hommes avant d'assurer la leur propre, les sous-officiers enfin qui, à de très rares exceptions près, ont rempli leur devoir avec intelligence et activité...

« A tous enfin, le commandant adresse l'expression

de sa profonde et fidèle affection. Il n'oubliera jamais la belle et fière attitude du bataillon défilant à Brienne à six heures du soir devant le ministre de la guerre, narguant la fatigue après une marche manœuvre de 45 kilomètres commencée à 2 heures du matin, et recueillant, avec les applaudissements des Français présents, le témoignage de l'admiration des étrangers.

« Il a la conviction absolue qu'avec ce bataillon entraîné, vibrant, uni et mu par une seule âme, on pourrait tenter de grandes choses. Son chagrin de le quitter n'en sera que plus profond. »

Le commandant: DRIANT.

Il fallut bien pourtant le quitter, ce cher bataillon !

La cérémonie eut lieu dans l'intimité militaire la plus complète. La revue d'adieu fut passée dans la cour du quartier, le commandant tenant à éviter toute occasion de manifestation publique. Après la revue, le bataillon, aux accents de la « Sidi-Brahim », défila une dernière fois devant son chef, puis les chasseurs, remontant dans leurs chambres, quittèrent leur équipement et redescendirent en tenue du dimanche.

Après un adieu collectif à la *troupe*, le commandant voulut dire un adieu individuel à *l'homme*.

Il passa dans les rangs, donnant une poignée de mains à chacun de ses chasseurs. Bien des yeux se mouillaient de larmes, et le commandant, la gorge serrée par l'émotion, avait peine à murmurer de temps en temps le mot « adieu », qui lui déchirait le cœur.

Il n'oublia aucun soldat : il alla ensuite serrer la

main des sous-officiers à leur cercle, des officiers à la salle d'honneur, des hommes de garde au poste de police, des malades à l'infirmerie et à l'hôpital...

Et maintenant voici l'ordre du jour d'adieu :

Officiers, sous-officiers, caporaux et chasseurs du 1er bataillon

Je vous fais mes adieux le cœur serré ! J'avais espéré consacrer toute ma vie à une carrière embrassée avec enthousiasme il y a trente ans, aimée passionnément jusqu'à la dernière heure !

Les événements ne l'ont pas permis.

Merci à vous, officiers, mes chers camarades, qui, par votre labeur assidu, avez maintenu au bataillon sa vieille réputation.

Merci à vous, sous-officiers, caporaux et chasseurs, dont l'affection muette et désintéressée a été la meilleure satisfaction de mes six ans et demi de commandement.

Gardez le culte du bataillon dont vous avez porté l'uniforme et celui de l'armée dont la force est aujourd'hui plus que jamais notre sauvegarde. Par-dessus tout aimez la Patrie et, quelle que soit plus tard l'âpreté de vos luttes sociales, faites qu'elle n'ait jamais à souffrir de vos revendications comme citoyens.

Bien des mains de bons Français serrèrent la main du commandant faisant ses adieux, définitifs cette fois, à la ville de Troyes. Des milliers de lettres lui parvinrent ensuite qui l'émurent jusqu'au fond de l'âme. Nous n'en citerons qu'une, d'un de ses hommes.

« Mon commandant, c'est le cœur bien gros que
« je vous ai vu partir, car soyez certain que vous
« êtes regretté de tous; dans le cœur de chaque
« homme règne un regret profond. Ils regrettent
« tous leur ancien commandant! Je puis vous
« affirmer qu'à moi seul, je vous regrette autant
« que tous les autres, surtout que je n'ai pas eu le
« bonheur de vous serrer la main avant votre
« départ, étant occupé par le service...

« Je vous suis éternellement reconnaissant
« comme je le serai du reste à tous les chefs
« comme vous. »

CHAPITRE IX

Un duel. — La candidature à Pontoise. — Journaliste et romancier. — Il va aux manœuvres allemandes en Silésie. Visées électorales. — On lui offre une candidature à Nancy. — Son élection.

Quel changement d'existence! Parisien, lui qui ne le fut que par échappées! Driant en jaquette, au bois à cheval le matin, saluant de la main des camarades de l'armée — qui restent ceux-là!

Cela lui fait un peu gros cœur, mais pas longtemps. Il lui faut établir, avec toute sa tête à lui, son nouveau *curriculum vitæ*. Il a cinquante ans, l'âge de la retraite possible pour un capitaine, une seconde jeunesse pour un homme robuste, sobre, pratiquant régulièrement ces exercices physiques dont l'usage est aussi bienfaisant que l'abus peut en être pernicieux. Il a donc de l'activité à revendre pour les deux emplois de temps auxquels il a songé et où il s'est préparé déjà des voies d'accès : le journalisme et le Parlement, ces deux carrières s'associant dans son esprit.

Les portes du journal l'*Eclair* lui sont vite ouvertes. Très vite également ses articles appellent l'attention par leur virulence éloquente. Quelques lignes sur le général Percin qui avait été le second du général André mirent en branle les témoins de Driant; MM. Ernest Judet et le lieutenant colonel Baratier[1] qui soulevèrent cette difficulté préliminaire :

Mon cher ami,

Vous nous demandez d'être vos témoins et d'accorder en votre nom, au général Percin, la réparation qu'il vous demande pour votre article de l'*Eclair*.

Nous sommes entièrement à votre disposition.

Nous nous bornerons à vous rappeler que, dans deux circonstances mémorables, les plus hautes personnalités de l'armée ont refusé d'avoir avec le général Percin d'autres rapports que ceux du service, « *tant qu'il ne se sera pas lavé des accusations portées contre lui* ».

Avez-vous réfléchi à l'objection que créent ces précédents ?

Ernest Judet, lieutenant-colonel Baratier.

Driant passa outre à l'objection; le duel eut lieu le 5 janvier. Le général Percin fut blessé deux fois.

Le lendemain de la rencontre, Driant alla voir Mgr de Pélacot; il était assez gêné d'avoir à parler duel à un prélat. Ce qui le rassura un peu, c'est qu'il le savait de vieille famille d'épée. En effet l'évêque de Troyes embrassa le pécheur. Et ce fut une absolution.

1. L'ancien et glorieux compagnon de Marchand, mort au front, comme divisionnaire, en octobre 1917, après les plus beaux états des service pendant la guerre.

L'épée de combat remise au fourreau, Driant reprit tranquillement sa collaboration à l'*Eclair*. Mais entre deux rédactions d'articles il ne perd pas de vue la députation; ce sont alors des va-et-vient, des coups de téléphone multipliés en vue de rendez-vous ayant tous pour objet une candidature.

Où se portera-t-il? Il sait déjà où il ne se présentera pas. A Paris, tous les « bons » sièges sont déjà occupés et leurs *beati possidentes* ne songent pas à les abandonner. A Troyes, à Bar-sur-Seine, il trouverait un noyau d'amitiés résolues à le soutenir, mais Troyes est un bourg-pourri pour les partis avancés et les électeurs modérés de la circonscription de Bar-sur-Seine ont déjà jeté leurs vues sur un candidat modéré. Quant à son lieu de naissance, il n'y a plus d'attaches; sa maison de famille a cessé d'être à lui. Qu'importe du reste. Il a assez de titres pour réussir comme candidat exotique. Bientôt plusieurs sièges s'offrent au comité chargé de susciter des candidatures, le nom de Driant étant un des plus populaires qui soient pour les nationalistes qui ont encore l'oreille du suffrage universel. Au surplus, en principe, un officier est un candidat bien vu dans toutes les classes et dans tous les partis rien que pour avoir appris dans le service comment il faudra parler au peuple des réunions publiques. L'ouvrier et le paysan apprécient même chez lui son ton de commandement, pourvu qu'il ne marque pas trop les distances.

Entre ces sièges proposés, Driant accepte celui de Pontoise, laissé vacant par la mort du député libéral Ballu en cours de session, pour l'avantage qu'il offre de ne pas l'éloigner, pendant la campagne électorale, de son journal, de ses amis. Un comité local se forme dont quelques membres viennent le renseigner sur la situation. On le prévient que c'est une circonscription où les partis se serraient de près. Et il répond : « Tant mieux si la lutte promet d'être âpre. »

Il ne perd pas son temps. Dès avant même l'ouverture de la période électorale, le voici franchissant les quelques lieues qui séparent l'avenue Henri-Martin des lisières de la forêt de Montmorency. Rarement, il est seul. C'est à qui voudra l'accompagner; il a pour second, zélé et intelligent, un jeune officier démissionnaire, M. d'Agrain. D'anciens chasseurs de Troyes, maintenant libérés et domiciliés à Paris où venus exprès lui donner un coup de main s'offrent à coller des affiches, à faire de la propagande dans les marchés, à pousser dans les réunions privées ou publiques les « hou-hou » d'usage couvrant les interruptions des partisans de l'adversaire, M. Aimond, ancien député du pays, homme laborieux, futur rapporteur du budget, au Sénat.

Mais Driant entend que ses amis s'en tiennent aux « hou hou! » il leur recommande la modération dont lui-même donne l'exemple. Ni dans ses circulaires, ni dans ses harangues, il ne se pose en vengeur implacable et tonitruant de ses injures personnelles. Républicain honnête, respectueux des croyances, adversaire dans l'enseignement d'un athéisme qui serait officiel, telles seront les grandes lignes de sa candidature. Quant aux intérêts agricoles d'une circonscription qui compte une grande majorité de cultivateurs et de maraîchers dans trois cantons sur quatre, Montmorency, Ecouen, Gonesse, il n'est pas pris au dépourvu pour en parler aux intéressés. En effet dans le rôle où il se plaisait tant, d'éducateur social, du soldat il s'était entretenu plus d'une fois avec ses chasseurs des légitimes conditions de vie de leurs familles et d'eux-mêmes, une fois libérés. Il n'était pas un dépaysé chez Jacques Bonhomme.

Les témoins de sa campagne s'accordent à dire qu'il fut un excellent candidat, parlant d'abondance, ne restant jamais à court, relevant spirituellement les interruptions sottes. Pourtant il ne fut pas élu. Le canton du Raincy, le seul ouvrier des quatre, travaillé activement par les socialistes, vota contre lui avec une discipline à laquelle on aurait pu ne point s'attendre chez des ennemis invétérés de l'obéissance militaire. Dans les autres cantons, diverses manœuvres avaient mal disposé les électeurs, entre autres une odieuse affiche faisant de lui le candidat de la guerre, en le représentant sous les traits et dans l'uniforme d'un officier prussien, comme un fourrier de l'invasion. Il eut aussi à compter avec la machination d'un imaginaire complot royaliste, dans lequel on n'hésitait pas, contre toute vraisemblance, à l'impliquer.

M. Aimond fut élu par 11.897. Le commandant Driant obtint 10.771 suffrages; un socialiste unifié en eut un millier sur son nom.

Cet échec fut sensible à Driant, bien qu'il n'eût été distancé que par peu de voix, et peut-être pour cela. Il reculait de quatre ans sa participation aux affaires publiques. Mais devant même ses amis les plus intimes il n'en fit rien paraître. Il plaisanta même plus d'une fois ce qu'il appelait son équipée, tout d'abord ayant le choix entre plusieurs sièges d'être allé à Pontoise « pour en revenir ». « Et aussi de l'avoir attiré vers cette circonscription plutôt que vers une autre à la proximité de Paris. « Sans doute, expliqua-t-il, l'automobile ou le chemin de fer me rapprochaient de mes électeurs, mais comme d'autre part je les aurais eus toujours pendus à ma sonnette, tout est pour le mieux ». Il eut d'autres consolations plus sérieuses. Les propos qui lui revinrent concernant sa campagne attestaient qu'elle avait laissé une trace profonde, même chez l'adversaire, de respect et d'estime pour sa personne.

Enfin à quelque chose malheur est bon. Le temps qu'il n'aura pas à passer à la Chambre, il l'emploiera aux travaux de plume. L'*Eclair* au commencement de septembre 1906, l'envoie aux manœuvres de Silésie.

Cette petite guerre, Driant la suit avec une curiosité passionnée. Il veut tout voir et il voit beaucoup. Militaires et civils allemands le renseignent avec ostentation, ne lui célant, par ordre supérieur, que l'essentiel. Veut-on l'intimider et, par ricochet, la France ? Toujours est-il qu'il en voit, il en entend assez pour que, quelques mois après, au moment de réunir ses articles en un volume, le titre qu'il choisit : *Vers un nouveau Sedan*, soit à lui seul un cri d'angoisse. Sa conclusion est d'ailleurs d'un pessimisme sans atténuation : « Une guerre qui nous mettrait demain aux prises avec l'Allemagne serait une guerre désastreuse. Nous serions battus comme en 1870, plus complètement même qu'en 1870... ». Il ne peut donc disimuler à ses concitoyens, la formidable impression de puissance que donnent ces masses disciplinées, civiles et militaires, car ce n'est pas seulement devant les armées en mouvement qu'il s'alarme, c'est aussi devant ces « Kriegervereine » ces associations d'anciens militaires réunissant deux millions quatre cent mille adhérents qui continuent dans la vie civile, à conserver symboliquement le « pas de l'oie » régimentaire pour la Patrie et pour l'Empereur.

Sans nier la valeur personnelle, l'intelligente initiative, l'élasticité de mouvement et de pensée qui sont les caractéristiques de notre race jusqu'au plus bas de l'échelle et qui créent au soldat français une indiscutable supériorité sur l'allemand, Driant craint que, chez nos hommes, les belles qualités innées ne puissent être partiellement gâtées par un esprit d'indiscipline qui menace de briser la cohésion de l'armée. S'il accorde de justes éloges à nos officiers subalternes plus instruits et plus débrouillards que leurs collègues d'outre-Rhin, il constate que « c'est dans les grades
« d'officiers supérieurs et surtout dans ceux d'of-
« ficiers généraux que nos voisins reprennent leur
« supériorité, parce que la plus rigoureuse sélec-
« tion inspirée par le seul intérêt de l'armée, pré-
« side aux nominations dans les hauts grades. »

La cause du mal? Il la touche du doigt.

« Depuis que, chez nous, c'est la politique qui
« sacre la plupart des généraux, et qu'il faut don-
« ner aux maîtres du jour des garanties de servi-
« lisme pour atteindre les sommets, cette supé-
« riorité des Allemands s'accentue encore. Quant à
« leur Direction supérieure — et j'y comprends

« leur grand Etat-Major — c'est une vérité indis-
« cutée qu'étant à l'abri des vicissitudes qui modi-
« fient sans cesse la nôtre, elle la domine de cent
« coudées. »

Ces articles — il y en eut sept — furent discutés quelquefois sévèrement comme trop « noirs » ! Il n'en est pas moins vrai qu'ils stimulèrent l'opinion endormie et, par suite, eurent raison de certaines indolences, rendirent à quelques-uns le sens du devoir. Aux témoins qui lui parlaient des inquiétantes conclusions, Driant répondait par la phrase qui clôt le livre où il a les réunis : « J'ai conscience qu'il fallait le faire ; cela suffit. »

A son retour d'Allemagne, le roman sous sa plume, alterne avec le journalisme. Il met sur pied un autre de ses beaux livres d'apostolat qui ont rendu son nom si populaire dans la jeunesse française. Mais le temps s'écoulait, le journalisme et le roman avaient peu à peu à ses yeux le tort de lui masquer le principal objectif de sa nouvelle carrière : la députation. Donc vers 1909, la législature touchant à sa fin, il réchauffa le zèle des amis politiques et des comités en vue de le doter d'une candidature moins aventurée que celle de Pontoise.

Pendant que ceux-ci se penchaient pour lui sur la carte de la France électorale, il tint essentiellement à ne pas être pris au dépourvu, le jour où ils auraient trouvé. Il voulut être à la fois, bon candidat et bon député.

Pour être bon candidat son expérience de 1906 lui donnait confiance en lui-même. Il se souvint que des amis avaient signalé chez lui un certain manque de souplesse avec tels ou tels électeurs qu'il était prudent de ménager. Un tir à rectifier. Ce ne fut pas long. Il lui fut facile de se rappeler ce qu'avaient été ses rapports avec ses soldats, pour se façonner d'avance à cette bonhomie familière, à cette facilité de poignée de mains qui conquièrent tant de suffrages dans notre démocratie égalitaire. Au surplus il n'eut qu'à se souvenir de son beau-père qui, revenant de son élection du Nord, montrait ses mains molles à force d'avoir été serrées par des paumes de prolétaires.

Bon député? Cela demandait plus d'étude. Il s'assimila laborieusement les notions nécessaires au représentant auquel ne suffit pas le modeste bagage de connaissances d'un politicien. Il commença par ce pont-aux-ânes, expressément recommandé par Thiers aux candidats, la lecture fréquente avec annotations d'un budget de l'Etat, ne serait-ce que pour ne pas y introduire à la légère, une fois élu, des demandes de crédits fantaisistes et ruineux. Il casa aussi dans sa mémoire assez d'articles de nos codes pour comprendre qu'il est souvent téméraire de proposer une loi nouvelle. C'est seulement après s'être documenté sur ces généralités, de façon à éviter, le jour où il serait député, le plus de pas de clerc possible, qu'il prit tout son temps pour approfondir sa spécialité, les questions militaires, dans son vif désir de tenir l'engagement pris moralement vis-à-vis de ses frères d'armes, de défendre l'armée « quand même! » comme disait son ami Déroulède. Ah! si les électeurs de Pontoise avaient voulu de lui, quelles occasions il aurait eu de se faire l'avocat de cette chère armée, au temps où ni le général Picquart, et moins encore le général Brun ne demanderont au Parlement les ressources financières nécessaires pour parler haut au nom de la France, si bien — ou si mal — qu'une angoisse passa sur la France le jour où M. Clemenceau mit le poing sur la hanche lors de l'affaire des déserteurs allemands de Casablanca.

1909 ! La période électorale va s'ouvrir ! Il est équipé pour la lutte, armé de science politique, bon candidat, prêt à être bon député. Mais de quels électeurs ? De différents côtés on lui offre la candidature. Que va-t-il décider ?

Sa perplexité prend fin en temps opportun. Le général de Nonancourt, qui, on s'en souvient, lui donna des notes si chaleureuses, disgracié aujourd'hui pour l'indépendance avec laquelle il jugeait les officiers de mérite indépendants comme lui, s'étant retiré à Nancy, un comité d'Action Libérale lui a offert la candidature d'une des circonscriptions de la ville. C'est un siège qui a été brillamment conquis et occupé par Maurice Barrès et abandonné depuis. Le général n'ayant pas l'intention de se porter, a, tout de suite, songé à Driant. Il a prononcé ce nom devant le comité qui l'agrée. Driant accepte.

Il écrit à un ami, le 1er mars 1910 :

« Si j'échoue c'est une affaire terminée. Je ne m'occupe plus de la politique qui d'ailleurs m'aura coûté cher. Si je réussis, au moins laisserai-je à mes enfants la satisfaction de dire que leur père n'a pas été un vieux pompier de commandant en retraite, mais a fait un effort. Pour le reste *inch allah!* »

A quelques semaines de là, la période électorale s'ouvre; Driant accourt à Nancy, trouve à la gare, à côté du général et des membres du comité, une vingtaine de citoyens dont il avait eu le temps de se faire des amis pendant son court passage au 69° et qui s'offrent comme courtiers électoraux bénévoles. Toutes ces mains rapidement serrées, vite à l'assaut de la position !

Il est élu au premier tour par 10,823 voix contre 9.145 à M. Grillon, radical, et 1.500 suffrages qui se sont éparpillés sur deux ou trois candidatures socialistes.

CHAPITRE X

1910-1914. — Son assiduité à la Chambre. — Ses premiers discours. — Séances ardentes. — La loi des cadres. — La loi de trois ans. — Ses conférences au dehors. — Sa réélection.

A Paris, il prend à peine le temps de décacheter les milliers et les milliers de lettres de félicitations qui lui viennent de tous les points de la France. Avec un ami, autre député de Nancy, le comte de Ludre, qui lui sert de guide, il va choisir sa place au Palais-Bourbon. Conformément à son programme, il siégera à droite. Il n'a pas de peine à trouver une place; ils sont assez clairsemés les réélus et les nouveaux élus de ce groupement! Avec les élections de 1910 coïncide l'accroissement des forces socialistes et radicales-socialistes triomphant grâce à des déclarations pacifiques, voire pacifistes. Jaurès sera, dans les questions extérieures, le porte-parole des groupes d'extrême-gauche et le prestige de sa rhétorique s'étend jusque dans les travées occupées par des républicains moins accentués.

Pendant les premiers mois de la session, Driant ne

se montre pas à la tribune. Comme la plupart des députés anciens militaires auxquels pourtant les victoires oratoires d'un général Foy ou d'un Albert de Mun devraient donner plus de confiance en eux-mêmes, Driant n'eut pas tout de suite ce courage civil que ne trouble pas une interruption inintelligente ou grossière. Il craignait de rester court : « Je ne me risquerai pas à parler tout de suite, écrit-il, et ne le ferai que sur des sujets qui me seront assez familiers pour que les mots me viennent imperturbablement aux lèvres. » Pendant ce stage qu'il s'imposa, la modestie de son effacement obtint sa récompense. Tandis que dans les législatures précédentes la majorité n'acceptait pas de très bonne grâce l'adjonction de la minorité au sein des commissions importantes, dans celle de 1910, un système équitable de représentation proportionnelle s'établit et Driant, proposé par son groupe, fut nommé membre de la commission de l'armée. Il s'y fit tout de suite une place autorisée. Sa bonne grâce clarifia, pour les collègues de tous les partis, la technicité des renseignements fournis à leur barre par des personnages militaires considérables, à commencer par le général de Castelnau, alors chef d'état-major général de l'armée.

Assidu aux séances de la commission, il ne manquait pas davantage les séances publiques. Un photographe autorisé à prendre le cliché d'une de ces séances, tomba sur un jour où ce fut tout juste si neuf députés s'égaillaient dans l'hémicycle; Driant fut un de ces neuf originaux. Il conserva longtemps un exemplaire de cette représentation nationale en raccourci qui constituait une pièce assez rare pour un collectionneur, ses cinq cent soixante ou cinq cent quatre-vingts autres collègues n'ayant pas jugé à propos d'en faire tirer d'autres épreuves pour eux-mêmes et encore moins pour leurs électeurs.

Ils étaient plus de neuf députés en séance, le jour où le nouvel élu, après quelques courtes apparitions à la tribune, espacées de semaine en semaine, ayant eu pour objet de simples broutilles, débuta vraiment. Sa présence à la tribune fut d'abord accueillie sans hostilité par la majorité, notamment — ce qui surprit plus d'un courriériste de la Chambre — par les officiers parlementaires républicains. La solidarité militaire veut cela. Mais à peine les premiers mots prononcés, le général Pédoya, MM. Treignier, Girod, sollicitèrent en vain leurs amis de la gauche de rester tranquilles. C'était trop demander à leurs impatiences. Un personnage politique venant de s'asseoir sur le banc d'un ministère nouvellement formé, Driant reconnaissait en lui un instigateur de ces fiches qu'il a tant honnies. L'œil étincelant, le doigt levé dans la direction du ministre, il le somme de quitter son banc. Il est, lui crie-t-il, indigne d'y prendre place. La gauche bondit; des poings se lèvent. Driant tient bon sous la mitraille des interruptions éclatant sur tous les bancs de la majorité. Un rappel à l'ordre le frappe; il l'accepte le sachant mérité; mais s'applaudit tout bas de ce que ni les hurlements de la gauche, ni les sévérités présidentielles ne lui ont fait perdre le fil de ses invectives. Il a passé l'épreuve du feu. Aucun vacarme de pupitre désormais ne le fera battre en retraite.

Il emploiera même à l'occasion la contre-attaque des ripostes décisives.

A la séance du 18 juin 1912, par exemple. Ce jour-là il adjure ses collègues de renoncer à la chimère internationale et de voter les crédits militaires sollicités par le gouvernement. Grand tumulte parmi les unifiés. « Nous ne renonçons pas à l'Internationale, s'écrie de son banc M. Raffin-Dugens, et nos frères les socialistes allemands non plus ! » Driant ayant exprimé l'opinion que ces « frères » n'hésiteraient pas à tirer sur les « frères » français, tous les socialistes unifiés font chorus avec M. Raffin-Dugens. M. Compère-Morel s'écrie : « Ils ne marcheraient pas ! » Comme M. Ducarouge enchérit, Driant de riposter : « Vous savez bien qu'ils marcheraient. *Vous avez lu dans les journaux leurs déclarations !* » Et il s'écrie : « Je vous rappelle ce mot de M. Bebel : « En cas de guerre contre la « France tous les socialistes allemands marche- « ront comme un seul homme. »

Comme un seul homme les socialistes unifiés se turent.

Dans un Parlement il faut être quelquefois le soldat qui monte à l'assaut sans être sûr d'être suivi, ou si peu ! Le jour où vient le débat sur la cession du Congo à l'Allemagne en vertu du fameux accord conclu par le Président du Conseil, M. Caillaux, par-dessus la tête de son ministre des Affaires étrangères, M. de Selves, Driant, sans condamner en principe la convention, fait cette réserve formelle :

« J'aurais voté l'accord si vous n'en aviez pas discuté les conclusions sous la pression, sous la menace du canon d'Agadir. « Coup de poing sur la « table », a dit M. Sembat en parlant de l'envoi du *Panther* sur les côtes marocaines. Eh bien,

Messieurs, quand je discute avec quelqu'un et que, dans la conversation, mon interlocuteur donne un coup de poing sur la table, je me lève et je m'en vais. C'est contre cette menace, c'est contre ce procédé d'intimidation, procédé qu'un peuple sûr de son droit n'aurait jamais employé, procédé qu'une grande nation ne peut pas accepter, c'est contre cette menace que tout mon être se révolte, c'est contre cette menace que la population française tout entière est dressée, et notamment — je vous demande la permission d'en parler — les populations de l'Est qui, malgré qu'elles soient la rançon de toutes les invasions et de toutes les guerres, ont gardé la fierté traditionnelle au contact des tombes, qui, depuis quarante ans, émaillent la verdure de leurs champs. » (*Applaudissements à droite et au centre.*)

Driant fut des trente-six députés qui refusèrent de ratifier l'accord.

Il se savait soutenu au dehors par le mouvement puissant d'opinion qui devait aboutir à la loi de trois ans.

La loi de trois ans! Driant, dans la Commission de l'armée, à la tribune, sera un des meilleurs seconds du ministère qui la soutient. A la commission sa sensibilité s'émeut sur le sort des soldats; il fait siennes toutes les suggestions qui auront pour objet de rendre moins pénible la prolongation de la durée du service. Avec toute sa compétence, avec tout son cœur, il indique des mesures ingénieuses qui rendront le métier moins dur sans que la discipline et l'instruction aient à en souffrir; il signale tout ce qui pourra donner un peu de bien-être à la caserne, raréfier sur les murs l'inscription : Vive la classe ! indirectement désobligeant pour le commandement. Mais il ne fait pas aux trois ans grâce d'une semaine. Dans l'ensemble, il fut à la peine comme à l'honneur tout le long d'une campagne dont M. Barthou, qui en porta le principal poids, a pu, plus tard, résumer en ces termes les bienfaits :

« La loi de trois ans n'a pas joué en août 1914, en ce sens qu'à cette date aucun de nos conscrits n'avait fait encore trois ans de service, mais ce qu'oublient trop volontiers les adversaires irréductibles des trois ans, c'est que la loi nouvelle nous a permis d'avoir immédiatement trois classes sous les drapeaux dès 1914. C'est encore grâce à cette loi — véritable loi de salut — qu'il nous fut possible de trouver, dans la réunion de trois classes, les effectifs suffisants pour renforcer considérablement nos frontières de l'Est.

« C'est grâce à ce renforcement que les Allemands ont renoncé à nous envahir par ce côté de la frontière, puissamment gardé par nos masses militaires, et qu'ils se sont décidés à prendre une route défendue seulement par un traité revêtu de la signature même de l'Allemagne.

« Et, voyez comme tout s'enchaîne et démontre combien fut utile à notre pays la loi que certaines personnalités s'acharnent à critiquer sans raison. Sans la violation d'un traité international proclamé « chiffon de papier » pour la seule raison que « nécessité n'a pas de loi », pour me servir des termes du chancelier de Bethmann-Hollweg, le concours si précieux de l'Angleterre se fût très vraisemblablement borné à la défense de nos côtes par la flotte anglaise. Et, dès lors, on peut se demander ce qu'il serait advenu !

Je me résume :

« Sans la loi de trois ans, pas de renforcement de nos troupes de couverture de l'Est ; l'Allemagne peut nous envahir de ce côté, respecter la neutralité belge, et ne pas s'aliéner complètement l'Angleterre.

« Avec la loi de trois ans, nous pouvons nous garantir fortement contre l'invasion ; l'Allemagne est réduite à déchirer un traité diplomatique signé par elle et à violer un territoire neutre, et l'Angleterre s'allie à nous de tout son cœur et de toutes ses forces militaires, financières, économiques et morales.

« Quand on posera ainsi au corps électoral la question des trois ans — et je m'y emploierai, — je suis bien tranquille ; il la comprendra, et agira comme il convient, dans l'intérêt du pays. »

A la tribune, Driant s'occupe activement de faire pénétrer dans la charte de l'armée l'esprit qui a dicté cette « loi de salut. » Aucun piège de l'antimilitarisme n'échappe à sa hâte de les déjouer. Il nous semble préférable, en souvenir de « l'union sacrée », de mentionner seulement ses interventions répétées contre le système des fiches, du reste désavoué par le successeur d'André, mais notre devoir est de rappeler qu'il cria casse-cou à toutes les propositions où la mansuétude systématique pour les délits et crimes de militaires masque chez les auteurs le souci de la réélection. Le jour où la question de la désertion fut portée à la Chambre, et où une majorité se dessinait pour l'atténuation des peines édictées par le code militaire, il ne pouvait pas se taire. A ses yeux le droit à l'indulgence devait être réservé aux chefs pour n'être pas périlleux. Il le savait par expérience. La » maison du peuple » à Troyes, avait donné de l'argent et des vêtements civils pour permettre à un pauvre diable de chasseur faible de caractère de passer la frontière. Pris de remords, cet homme revint de lui-même au bout de deux jours. Driant le fit venir, lui parla, l'émut et le congédia sur ces mots : « Je compte sur votre parole ». Ce déserteur devint le modèle des soldats. Si cet homme avait passé devant un conseil de guerre, flanqué d'un avocat qui aurait fait de son client une intéressante victime du despotisme militaire et obtenu pour lui une peine dérisoire, son bref temps de prison terminé, passant à l'étranger, il serait devenu un espion.

Ce souvenir personnel rappelé devant la Chambre l'impressionna en des sens divers. Laissons la parole au compte rendu officiel :

Driant. — Prenez garde, Messieurs, les déserteurs fournissent à l'étranger la majeure partie des espions. Ce n'est qu'à ce prix qu'ils obtiennent l'autorisation de rester en pays étranger.

M. François Fournier, républicain socialiste. — Vous calomniez vos compatriotes.

M. Bedouce, socialiste. — Qu'est-ce qu'ils peuvent bien espionner de l'autre côté de la frontière ?

M. Driant. — En Allemagne notamment, on les amorce par la demande de quelques renseignements inoffensifs, et, quand ils sont dans l'engrenage, s'ils ne donnent pas de renseignements plus importants, on les menace de les reconduire à la frontière.

M. Albert Poulain, socialiste. — Mais s'ils sont en pays étranger, comment peuvent-ils donner des renseignements ?

M. Driant. — Vous les défendez. Est-ce parce qu'ils sont constitués en syndicat ? Car il y a, messieurs, des syndicats de déserteurs.

M. Dalimier, radical-socialiste. — Nous ne les défendons pas, mais nous cherchons à comprendre.

M. Driant. — Il y a, en effet, un syndicat à Genève et un à Bruxelles.

M. César Trouin, radical-socialiste. — Nous ne comprenons pas qu'on puisse espionner en restant à l'étranger.

M. Driant. — Je dis que ces gens-là forment la majorité des espions et que nous avons assez d'espions allemands en France sans eux.

M. Dalbiez, radical-socialiste. — Si les étrangers n'ont pas de meilleurs espions que ceux-là !

M. Driant. — Lisez, Messieurs, *L'Avant-Guerre*, de Daudet; lisez ce livre en dehors de toute idée politique; il vous montrera que certaines régions de France et notamment notre Lorraine sont infestées d'espions allemands.

« Oui, il y a des syndicats de déserteurs. Pour ceux qui en douteraient, j'ajoute que celui de Bruxelles a son siège, 13, rue de Munich; il a un président, un trésorier, un secrétaire; il a même du papier à en-tête avec lequel il a écrit à un certain nombre de députés ! »

Dans tout le cours de son mandat Driant ne sera pas seulement le sonneur de clairon des grandes batailles parlementaires, mais, sur des terrains plus restreints, la sentinelle toujours en éveil. Penché sur les rapports de nos agents à l'Etranger concernant les questions militaires, sur les pièces communiquées à la commission de l'armée, comme sur tout autre document qu'il peut se procurer, il prend des notes copieuses relatives au fonctionnement de cette grande usine toujours en marche qu'est une armée. Vienne la loi des cadres, il sera devant le ministère l'avocat obstiné des intérêts du corps d'officiers. Il répond vertement à M. Caillaux qui a dressé un parallèle trop complaisant pour le fonctionnaire civil, entre le traitement des inspecteurs des finances « aussi intéressant que celui des généraux » A M. Jaurès, qui refuse ouvertement l'augmentation des soldes, il riposte énergiquement : « L'officier ne sert pas pour l'argent; il demande seulement à être déchargé du soin de sa subsistance quotidienne et de celle des siens. Ces chicanes douloureuses n'auront-elles pas la grave conséquence de paralyser le recrutement du corps des officiers? Si encore on ne décourageait pas les débuts de carrière! Mais qu'on y prenne garde. Le recrutement de Saint-Cyr ne s'opère plus comme autrefois. En 1900, 2.000 candidats s'offraient pour 350 places; ils ne sont que 800 aujourd'hui; la moyenne des notes pour le concours ne tombait jamais au-dessous de 12; elle s'est effondrée jusqu'à 8. Bref il manque 2.000 officiers pour l'instruction. »

A côté de tout ce bien qu'il fait que de mal n'empêche-t-il pas, hors séance, par ses entretiens particuliers avec des députés influents, par ses colloques, les yeux dans les yeux, avec tel ou tel des sept ministres de la guerre qui passèrent au pouvoir pendant ses quatre ans de mandat et dont quelques-uns approuvaient ses idées, aux heures où, comme Driant le disait, les petits parlementaires sont couchés !

Quelle tâche ! mais qui, encore un coup, n'absorbe pas tout l'homme. Le député assidu à son banc — témoin la photographie de la séance des neuf — n'a pas tourné avec moins d'application la meule du journalisme, avant de boucler sa malle pour aller porter la bonne parole du conférencier militariste dans les villes de province. Et cela avec un tel succès, que ceux-là même de ses auditeurs qui sont le plus satisfaits de leur député, soupirent entre eux : « Quel dommage que ce ne soit pas lui qui nous représente ! »

Concluons. Driant a le droit d'écrire au bout de ses quatre ans de mandat : « Avoir pris ma retraite ne me laisse pas de remords. Je m'étais juré d'être aussi utile à l'armée dehors que dedans. Je crois m'être tenu parole. »

CHAPITRE XI

1914. — Réélection triomphale. — Horizon de guerre. — Les angoisses de Driant. — Le crime de Serajevo. — C'est la guerre. — La mobilisation. — Driant est envoyé à Verdun.

Mai 1914. À peine le dernier adieu donné par le président Deschanel à ses collègues, Driant court à Nancy. Comme en 1910, il a un sérieux assaut à livrer dans sa circonscription. Au point de vue des idées qu'il représente, sa situation a plutôt fléchi dans le pays. La guerre à l'anticléricalisme continue d'y être la seule populaire dans le prolétariat et dans une partie de la bourgeoisie tant urbaine que rurale. La chute de M. Barthou a ranimé l'ardeur belliqueuse des pacifistes. Driant aura donc à compter avec ce qu'on appellerait aujourd'hui des « défaitistes »; mais d'une façon générale il a confiance. C'est un atout dans le jeu d'un candidat député que la presse s'occupe de lui, même pour le vilipender sans cause. Et c'en est un autre d'avoir été, par penchant naturel à l'obligeance, le député modèle aux yeux des électeurs, celui qui s'occupe de leurs intérêts même menus. Si Driant n'était pas homme à faire pour ses mandants des courses aux magasins de nouveautés, la bonne grâce qu'il mettait dans ses démarches auprès des ministères et des administrations publiques lui donnait un crédit dont ses électeurs bénéficièrent.

Mais pour l'honneur des électeurs nancéens, l'atout décisif fut la flamme patriotique qui a couru dans sa circulaire :

« En cette heure grave et vraiment solennelle de notre histoire,

« Devant la menace visible de l'Etranger,

« Ne songeons qu'à la France et, que, pour elle, s'unissent les efforts de tous les honnêtes gens rassemblés, sans distinctions de nuances, dans un grand parti qui serait le parti de la liberté civique, du progrès social et de la défense nationale ».

La réélection de Driant fut triomphale.

Dès son retour à Paris, il trouve la Chambre nouvelle déjà désorientée. On se le rappelle, la majorité, bien que nommée sur un programme pacifiste aboutissant dans l'esprit de quelques-uns à un essai de compromis avec la loi de trois ans qui tranquillisera l'électeur, surtout allemand, n'ose pas cependant démolir l'œuvre militaire de sa devancière. Trop d'échos ouvertement belliqueux lui viennent du dehors. Elle attend une orientation. Celle-ci vient de l'Elysée. Le président du Conseil, M. Doumergue, qui représente les idées de la majorité, cède la place à M. Ribot, qui, après un court passage aux affaires, se retire devant M. Viviani, républicain socialiste.

Les changements de présidents du Conseil laissent Driant assez indifférent. Seuls l'intéressent vraiment les titulaires du portefeuille de la Guerre, les trois ministres nommés en six mois : Noulens,

Etienne, Messimy. Les deux premiers lui semblent assez rassurants. Quant à Messimy, sans indépendance vis-à-vis des partis avancés, il se laissera leurrer par les rêves de paix universelle alors qu'il ne faudra qu'une étincelle pour rallumer l'incendie mal éteint dans les Balkans.

Le 29 juin Driant se trouvait à une matinée musicale chez un ami; une actrice célèbre chantait; entre deux morceaux un invité venu du dehors chuchotte à des voisins de sa connaissance : « L'archiduc héritier d'Autriche et sa femme viennent d'être assassinés à Serajevo. » Emoi dans le petit groupe; commentaires rapides interrompus par des « chuts ! » discrets; la cantatrice a repris son morceau. Driant fût un des rares auditeurs qui n'en attendit pas la fin. Pour lui, pas de doute : c'est la guerre !

Dès ce jour-là, il est hanté; les raisons d'espérer, de craindre, de douter, se croisent dans ses insomnies avec les chiffres, les statistiques, les notes qu'il a prises sur la valeur des armées, de leurs chefs, des armements. Il n'a pas d'autre pensée, d'autre sujet de conversation que le drame dont va se lever la toile, que cette guerre qui s'incarnait pour lui il y a quarante ans dans le mot que le Saint-Cyrien jetait joyeusement aux échos de la Cour carrée : « La revanche ! »

La revanche ! Quel sens ces trois syllabes ont-elles à ses yeux, tout le temps que les communications s'échangent entre les chancelleries, que le Président de la République accomplit son voyage de Russie, que la plupart des nations mobilisent, que l'Allemagne, sous le couvert de l'euphémisme sournois : « préparation de l'état de guerre », réunit ses forces chaque jour accrues ? La revanche ! Son cœur se serre à ce mot. Si c'était une nouvelle débâcle, attendant un nouveau Zola qui se donne le plaisir de l'étaler dans un livre. Si nous n'étions pas prêts pourtant ! Si nous allions à cette nouvelle guerre ainsi que l'a dit, en 1870, John Lemoine : « comme à une cavalcade funèbre ».

Le 1er août, l'annonce de la mobilisation générale trouve Driant dans sa propriété de Pixérécourt, près de Nancy. La nouvelle lui arrive tard dans la soirée; mille angoisses l'assaillent. Que va-t-on faire de lui ? Comment marchera la mobilisation ?

Cette nuit-là un cauchemar l'étreint qu'il raconta plus tard. Il se voit dans une ville de l'Est où il va prendre son commandement. Des ouvriers, des paysans, mutinés, n'ont pas voulu rejoindre le point de concentration, poussent des vociférations : « A bas la guerre ! » Les gendarmes chargent, sabre au clair, Driant veut s'interposer ; sa voix se perd dans les gémissements des blessés, dans les imprécations de la révolte. A son réveil, l'affreux rêve ne se dissipe pas tout entier. Assis à sa table de travail, ou pendant les cent pas qu'il fait dans son cabinet, il s'enfonce dans les idées noires qui lui ont dicté *Vers un nouveau Sedan*. Il revoit par la pensée les Fritz et les Ludwig qui ont passé, le casque en tête, à Neufchâtel. Dans des notes de lui préparant une conférence, il cherche, il trouve ces lignes où Melchior de Vogüé rappelle ses souvenirs de jeune soldat le soir de la grande défaite, où il entend, dans la nuit, cent mille poitrines entonner le « Choral de Luther » :

« La grande prière gagna tout l'horizon et emplit tout le ciel tant qu'il y avait des feux de bivouacs et des hommes allemands. Plus d'un qui était jeune alors et peu mûr pour la réflexion, vit clairement dans cette minute quelle force les avait domptés. Ce n'était pas la ceinture des bouches d'acier et le poids des régiments, c'était l'âme de toutes ces âmes trempées dans la foi divine et nationale fermement persuadées que derrière ces canons, son Dieu marcherait près de son vieux roi. »

Si nos hommes n'étaient pas à la hauteur de ceux-là ?

D'un geste, il chasse les pensées hostiles. Son âme ferme reprend le dessus. Bien vite il se met en route, parcourt le pays, assiste aux phases diverses et réconfortantes de la mobilisation en Lorraine; son enthousiasme enflamme ceux à qui il s'adresse. Il multiplie ses visites au général Foch pour savoir où en sont les travaux du Grand Couronné dont il s'est occupé à la commission de l'armée et qui sauveront Nancy.

Le 3, un télégramme le convoque d'urgence à la séance solennelle que la Chambre des Députés tiendra le 4. Pas de train ! Le plus rapide met trente-six heures pour aller à Paris. Un ami, le comte de Villette, propose de le conduire en automobile. Il accepte. On voyage toute la nuit; à chaque poste, sur la route, vérification des passeports, et à voir le nom de Driant, acclamations des soldats qui saluent, l'homme dont la clairvoyance a préparé la revanche.

A Paris, après l'inoubliable séance de la Chambre où fut proclamé le pacte de l'union sacrée, l'impatience de Driant le jette rue Saint-Dominique. « Revenez dans une heure ! » lui dit-on entre deux portes.

Il se rabat sur la Chambre; va et vient tumultueux dans la Salle des Pas-Perdus, dans le Salon de la Paix, la Salle des Conférences. On fait tout de suite cercle autour de lui. Driant embrasse d'un regard rapide ces mines effarées, douloureuses; il ne distingue pas de ses amis ceux qu'il reconnaît pour être allés récemment, il y a bien peu de temps, à Berne, causer avec des parlementaires allemands. Est-ce que tous les cœurs ne doivent pas battre aujourd'hui à l'unisson du sien ? Collègues de la droite, du centre, de toutes les gauches, le harcèlent de questions lancées à la diable, entrecoupées; on se croirait en séance publique, et lui de les apaiser de la main. Et, le silence obtenu, il ne triomphe pas d'avoir trop prévu; il glisse sur les fautes les plus récemment révélées, sur l'aveu du Ministre de la Guerre, dans la terrible séance du 14 juillet au Sénat : « Que voulez-vous ? Nous ne croyions pas à la guerre ! » Et il va tout de suite aux raisons d'espérer. Avec le 75 on pourra attendre l'artillerie lourde. Notre généralissime ? Joffre, un travailleur, une tête solide ! Rappelez-vous la magistrale façon dont il a « sacqué » les généraux insuffisants aux manœuvres du Sud-Ouest. Comptez sur sa même décision rapide pour décerner la double, la triple étoile en attendant la plume blanche à de simples colonels. Et il n'en manque pas dans l'armée de ces retardés qui n'attendent que l'occasion de rattraper le temps qu'on leur a fait perdre !

« Et tous les jeunes officiers ?

— Je réponds qu'ils seront dignes de nos anciens.

— Mais les soldats ?...

— Les soldats ?... » Soudain il s'arrête ; tous avec lui prêtent l'oreille. Bruits de tambours, sonneries de clairons. Tout le monde, Driant en tête, se précipite vers les ouvertures donnant sur le quai d'Orsay au-devant d'un bataillon qui passe allant à la gare de l'Est. Ah! les gentils Français, marchant le front haut, souriant aux femmes qui s'arrêtent pour les regarder, comme ils ont souri tout à l'heure à celles qui leur ont jeté les fleurs dont ils ont enguirlandé leurs fusils. Tous « à leur affaire ». Pas un ivrogne, pas un qui jette devant lui ce cri de jactance : « A Berlin ! » qui attrista les hommes sages en 1870. Tout de suite Driant voit clair dans ses pensées. Sur la route qui va au ministère de la guerre, son cœur bat joyeusement ; il sent qu'elles ont eu raison les lettres reçues la veille, l'avant-veille par lui, par ses collègues de toute opinion, disant : « Nos paysans, nos ouvriers n'ont qu'un mot à la bouche : ils nous en ont trop fait ! » Il comprend que la certitude de se battre pour une cause juste chez une race naturellement brave est un puissant aiguillon de victoire. Que vaut à côté de ce talisman, facteur d'esprit de sacrifice, le fétichisme voué au chef d'une nation de proie, et à un « dieu allemand » dépouillé par un monarque hautain des attributs essentiels de la Divinité, l'immensité et l'infini, un dieu circonscrit, rapetissé dans les frontières d'un seul peuple ? Qu'ils entonnent donc là-bas leur Choral de Luther, la sonorité n'en sera pas plus agréable au vrai Dieu, le Dieu de l'humanité tout entière, que l'hymne dont les hommes qui passent sur le quai de la Seine chantent le premier couplet, le seul qu'ils sachent, comme nous tous :

>Allons, enfants de la Patrie,
>Le jour de gloire est arrivé !

Il retourne aux nouvelles au ministère.

Que va-t-on faire de lui ? Sur sa demande, le général Foch, appuyé par le général de Castelnau, le réclame au 20e corps.

Une fois encore la politique intervient. Le Ministre de la Guerre, M. Messimy, l'attache à l'Etat-major de la garnison de Verdun.

A Verdun ou ailleurs, qu'importe ! Il va servir devant l'ennemi, enfin !

CHAPITRE XII

Driant au front de Verdun. — Notes d'un témoin sur lui.
— Il commande deux bataillons de chasseurs. — Lettres
à Madame Driant et à des amis. — Ordres du jour.

Un officier, ami de Driant et qui servit à ses côtés au début de la guerre, nous a communiqué les notes qui suivent :

« Le colonel Driant affecté à l'Etat-Major du gouverneur de Verdun désirait ardemment entrer de suite en contact avec l'ennemi ; ayant appris que le commandement du groupe des deux bataillons de chasseurs de cette division se trouvait sans titulaire, il sollicita et obtint ce poste. Il en fut particulièrement heureux... Je me rappelle très bien ce matin d'août où il vint se présenter à *Manheulles*, au pied des Hauts-de-Meuse, sur la grand'route de Verdun à Metz, à notre général de division. Je le revois, radieux d'avoir sous ses ordres les deux bataillons qui devaient s'illustrer au bois des Caures. Ces deux bataillons étaient magnifiques. Formés de réservistes du Nord et de l'Est, à l'aspect particulièrement vigoureux, ils donnaient une rare impression de force.

« La première affaire à laquelle ces unités prirent part se déroula au nord-ouest d'Etain.

« Après le repli de la III° armée, notre division tenait le front à l'ouest du petit ruisseau d'Ornes, à hauteur d'Ornel, jusqu'à quelques kilomètres au sud d'Etain.

« Les deux bataillons de chasseurs se trouvaient à notre gauche, face à Ornel. Après une nuit passée au bivouac à l'est de Morgemoulin, les deux bataillons de chasseurs reçurent l'ordre de pousser jusqu'à la route nationale d'Etain à Spincourt.

« J'ai quitté le colonel au moment même ou après avoir passé la nuit comme le plus modeste de ses chasseurs, sur la terre humide et froide de son bivouac, il lançait ses bataillons à l'attaque dans le brouillard du matin.

« Accueillis bientôt par le feu des mitrailleuses allemandes, les deux bataillons poursuivirent héroïquement leur progression, jusqu'au moment où la division voisine, qui se trouvait au nord, fut obligée de se replier. Ils reçurent alors l'ordre de se reformer un peu en arrière, au village de Dieppe.

« L'après-midi, je fus chargé de demander un nouvel effort aux chasseurs.

« Je trouvai Driant tout heureux de la belle contenance avec laquelle ses deux bataillons avaient reçu le matin le baptême du feu, et malgré la fatigue du matin, il achemina à nouveau ses chasseurs vers la bataille.

« Le lendemain la division reprit l'offensive et bouscula l'ennemi jusqu'à Rouvres. Les chasseurs contribuèrent grandement à ce succès incontestable qui malheureusement n'eût pas de lendemain. Dans la soirée, nous apprîmes, en effet, que l'armée de von Klück avait fait des progrès dans la direction de Paris et que le commandement en chef se trouvait dans la nécessité de retirer des divisions de notre armée pour les porter vers le Nord. L'ordre de ce repli au pied des Hauts-de-Meuse nous fut donné ce jour-là. Le colonel en fut très attristé.

« Deux jours après, notre division était portée sur la rive ouest de la Meuse, entre Septsarges et le bois de Forges, pour contenir la poussée de l'ennemi qui tentait d'effectuer le passage du fleuve à Vilosnes et à Sivry.

« Dans l'après-midi du 1er septembre, l'avant-garde du Ve corps allemand ayant réussi à prendre pied dans Gercourt, notre général donna aux chasseurs la mission de reprendre le village.

« Driant se mit à la tête du 56e bataillon qui formait la première vague. La mission était dure car notre division n'avait pas d'artillerie lourde pour répondre aux nombreuses pièces ennemies disposées sur la rive est. Aussi avait-il tenu à être au premier rang, pour servir d'exemple et entraîner ses compagnies.

« Le bataillon, précédé par Driant, pénètre dans Gercourt farci de mitrailleuses. Driant voit tomber près de lui le commandant du bataillon, l'héroïque capitaine Flamme, le lieutenant Delcassé (1) et beaucoup de ses chasseurs. Malgré ces pertes, le bataillon ne se replia qu'à la nuit et par ordre, lorsque les progrès des colonnes ennemies avaient menacé les chasseurs d'enveloppement.

« Cette affaire de Gercourt avait été particulièrement chaude et assurément la plus sanglante de

---

(1) Blessé seulement et prisonnier.

celles auxquelles il a pris part avant la ruée de février au bois des Caures.

« Pour récompenser son héroïsme, notre général de division le proposa pour la rosette et le lui annonça en le félicitant.

« Comme je l'avais félicité moi-même il me répondit, le 4 septembre au cantonnement de Louvemont, ce petit mot où il ne me cachait pas tout le plaisir qu'il éprouvait :

« Vous pensez bien qu'il me serait tout à fait
« indifférent de devenir officier de la Légion
« d'honneur si c'était la conséquence de mes vingt-
« quatre années de chevalier (il était chevalier
« depuis 1892), ce qui me ferait plaisir ce serait
« d'avoir le motif suivant : A l'assaut de Gercourt
« a entraîné le 56ᵉ bataillon de chasseurs et est en-
« tré dans le village un des premiers — ce qui est
« rigoureusement vrai ».

On sait que la première citation à l'ordre de l'armée dont il a été l'objet était conçue dans ces termes : « Le 1ᵉʳ septembre 1914 a conduit une contre-attaque en marchant pendant plus d'une heure sous un feu violent d'artillerie lourde. A enlevé la position avec entrain et vigueur malgré le tir ininterrompu des mitrailleuses. »

« Quelques jours après, ayant eu l'occasion de le rencontrer je lui reprochai son mépris du danger qui pourrait lui être fatal et priver le pays d'un homme tel que lui, il haussa les épaules et souriant, à cette question : « Quelle impression avez-vous éprouvée
« sous cette fusillade ? — Mon cher, j'ai récité tout
« le temps mon acte de contrition. »

« Les deux bataillons, assez éprouvés à Gercourt, ne prirent pas part à la bataille de la Marne. Ils repassèrent la Meuse et reçurent la mission d'assurer la défense du secteur de Louvemont au nord du fort de Douaumont.

« Le colonel organisa pendant son séjour à Louvemont un grand nombre de petites expéditions sur les lignes ennemies qui n'avaient pas, à ce moment, la rigidité qu'elles ont eu depuis.

« Il les dirigeait souvent en personne, surtout lorsqu'elles devaient présenter des dangers sérieux... Il entretenait ainsi le moral de ses hommes, qu'il connaissait presque tous et les préparait aux durs combats qu'il entrevoyait.

« A la fin de septembre, ses bataillons furent chargés de reprendre le bois des Caures qui avait été abandonné après l'échec de nos efforts pour repousser les Allemands des positions où ils s'étaient arrêtés après leur retraite de la Marne.

« Driant déploya dans cette attaque ses magnifiques qualités d'entraineur d'hommes prudent et osé tout à la fois, et il réussit, presque sans pertes, à porter notre ligne au point où elle se trouvait en février 1916.

« A l'automne 1914, le groupement des chasseurs reçut la garde du secteur du bois d'Haumont ; Driant occupait à *Samogneux* une petite maison un peu isolée, dans la petite rue qui, au nord du village, conduit au canal. On y accédait par un perron assez élevé sur lequel s'ouvrait un couloir qui desservait la salle à manger, la cuisine, la chambre à coucher et le cabinet de toilette. La salle à manger était utilisée comme bureau par les secrétaires. Le colonel prenait ses repas dans la chambre à coucher qui lui servait également de chambre de travail. La maison n'avait pas autant souffert que les autres maisons du village ; un seul projectile avait éclaté sur le toit, et le plafond gardait encore la trace d'un des éclats qui l'avaient traversé. Bien que très visible des positions ennemies du bois de Forges, par le couloir de la Meuse, elle avait dû à son isolement d'avoir été épargnée par les pièces ennemies qui, presque journellement, tiraient sur Samogneux.

« Les deux bataillons se relevaient entre eux tous les trois jours pour tenir les tranchées de leur secteur. L'étendue considérable du front tenu par notre division ne permettait pas, en raison du nombre insuffisant de bataillons, de réaliser les trois tours de service que prévoyaient les règlements et dont bénéficiaient les unités du Ve corps de réserve allemand qui se trouvaient en face de nos lignes.

« On connaît la répugnance qu'ont manifestée au début de la guerre les unités d'infanterie pour creuser des tranchées. Les réglements prescrivaient bien l'organisation défensive du terrain, mais la façon dont se déroulaient les grandes manœuvres et l'esprit d'offensive à outrance qui avait prévalu, avaient donné aux officiers d'infanterie l'impression que les prescriptions du règlement étaient tombées en désuétude.

« Driant s'employa à démontrer à ses bataillons que la nécessité de manier la pelle et la pioche s'imposait et que l'honneur militaire commandait aussi bien d'organiser activement les positions occupées que de marcher à l'assaut, sans regarder en arrière, lorsque l'ordre en était donné.

Le 27 avril 1915, il m'écrivait de Samogneux :

« Nous travaillons d'arrache-pied dans notre bois. Dans quinze jours le général pourra revenir, le bois sera transformé et dans la crainte d'une ruée entre le bois des Caures et le bois d'Haumont, je m'entends avec le colonel Bergot ». (Le colonel Bergot, commandant le 362e, tenait à ce moment le secteur du bois des Caures.)

« Paroles prophétiques qui montrent toute la perspicacité du colonel ! Cette ruée qu'il redoutait en 1915, les Allemands n'ont pu la faire que l'année suivante. Elle s'est produite précisément entre le bois d'Haumont et le bois des Caures. J'accompagnais souvent le colonel à son bois d'Haumont qu'il affectionnait. Il bourrait ses poches au départ, de cigares et de cigarettes et les distribuait aux meilleurs travailleurs. Dans une de ces tournées, nous cheminions à quelque distance l'un de l'autre, lorsqu'un gros projectile éclata entre nous, plus près cependant de lui que de moi. J'avais entendu le sifflement et je m'étais immédiatement jeté à terre, mais le colonel, qui avait mis le capuchon de sa pèlerine pour se préserver de la pluie, n'avait rien entendu. Lorsque la fumée se fut dissipée, je l'aperçus couché sur le dos et immobile. Je me précipitai vers lui. Il me regarda avec des yeux étonnés, comme un homme qui ne comprend pas bien ce qui s'est passé. Je l'aidai à se relever, il n'avait pas été touché mais le souffle avait été si violent qu'il l'avait renversé et laissé étourdi...

« Il travaillait beaucoup, et bien que très matinal, il passait une partie de ses nuits à écrire.

« Le groupe de chasseurs quitta le secteur du bois d'Haumont au commencement de l'été 1915 pour occuper celui du bois de Consenvoye qui était particulièrement difficile à tenir parce que dominé par les lignes de l'adversaire.

« Les meilleurs tireurs ennemis, embusqués dans les arbres de la forêt, guettaient tous les mouvements, même ceux des isolés, et les fusillaient à courte distance.

« Le groupe de chasseurs y exécuta des travaux importants et l'améliora considérablement.

« A l'automne 1915, le groupe de Driant fut chargé du secteur du bois des Caures voisin de celui du bois d'Haumont et d'autant plus important qu'il constituait pour ainsi dire la charnière de toute la ligne de défense. Il était formidablement organisé, à l'époque où il fut occupé par les chasseurs. Les organisations créées ne comprenaient pas moins de trois lignes continues extrêmement fortes. Un grand abri, en ciment armé, avait été construit sur la troisième ligne que nous appelions la ligne des R, c'est-à-dire la ligne des ouvrages de repli. Mais il restait encore à établir des boyaux de communication entre les différentes lignes et à multiplier les abris. Driant ne s'endormit pas, on le pense bien, et mit tous ses soins à apporter à son secteur un maximum de sécurité et de résistance. »

Voyons l'homme maintenant à travers ses lettres. Toutes celles qui sont entre nos mains seraient à publier; l'espace nous étant limité, bornons-nous à ce choix.

28 septembre 1914. — A Madame Driant : « J'ai repris le commandement du secteur nord et je veux

le purger des patrouilles qui infestent tous les bois. Tous les jours nous avons une expédition ici ou là, jamais aux mêmes heures et j'emmène mes quatre canons de 75 qui font merveille. Hier un de nos obus à mélinite est tombé sur une tranchée remplie d'hommes entassés à 2.800 mètres; on a vu tout cela voler en l'air et les survivants se sauver comme des rats dans toutes les directions : et ceci est fréquent.

Quant aux gros obus allemands, on n'y fait même plus attention. Le sifflement prévient, on s'arrête, on attend, on finit avec l'habitude par savoir où ils vont tomber; quand c'est près on fait le gros dos, on se couche vite et ils n'atteignent presque personne... »

2 octobre 1914, à la même. — « J'ai échappé avant-hier à un déluge d'obus qui aurait dû me tuer cent hommes : il en a tué une douzaine dans le bataillon voisin; dans les miens, 3 tués, pas un blessé; dans l'artillerie qu'on m'avait donnée, un cheval tué, un artilleur blessé, c'est tout, et c'est bien la preuve que ce sont les balles de fusil qui font le plus de victimes. Ils étaient trop loin pour faire marcher leurs mitrailleuses et c'est surtout à cela que nous devons notre chance, mais c'est aussi à la discipline des chasseurs. Au lieu de se disperser sous les explosions, ils sont restés en ordre, j'ai pu, sans descendre de cheval, car mon cheval est maintenant fait au canon, emmener dans les bois de gauche où le ballon ennemi nous a perdus de vue tout ce que j'ai pu ramasser; mais je t'assure que j'ai fait plus d'une fois le signe de croix et pensé à vous.

Ici nous n'avons pas de grandes batailles comme sur l'Aisne, mais tous les jours nous avons une opération ici où là, ne voulant pas laisser un seul jour de répit aux Allemands qui maintenant subissent nos attaques derrière leurs tranchées mais n'attaquent plus; toute leur force est dans cette artillerie trop lointaine pour que nous puissions même savoir où elle est. Mais il vient d'arriver à V. des pièces de marine de 14 c. qui tirent à 12 k. 500 et j'espère qu'elles vont nous faire du bon travail... »

Louvemont (nord de Verdun), 2 octobre 1914, à un ecclésiastique de ses amis. — « Monsieur l'Abbé (1), combien je suis touché de la lettre que je reçois de vous. Mais je vous assure que je ne mérite pas toutes ces belles choses que vous me dites, en ce sens que tous ceux qui étaient dans mon cas ont fait comme moi et repris du service.

J'ai sur eux l'avantage d'une chance incroyable. Je suis passé dans trois fournaises sans une égratignure.

J'ai perdu quatre cents hommes dans ces trois affaires et moi je me porte comme un charme, je suis à cheval toute la journée. J'organise de mauvais tours à ces gueux d'Allemands dont les avant-postes sont à 1.000 mètres des miens: je les canonne à l'improviste quand se lève le brouillard, en position dès quatre heures du matin pour guetter le moment, et tout cela me fait une vie que j'aime et que je trouve autrement émouvante que la vie parlementaire.

Je vous conterai un jour notre assaut d'Ornel; ce fut le plus coûteux: 25 morts et 180 blessés dans un seul bataillon. C'est là que je perdis le fils de M. Delcassé, sous-lieutenant de réserve dans mon

---

(1) L'abbé Picard, aumônier de Louis-le-Grand.

56ᵉ bataillon. Je le croyais enterré, quand j'appris ces jours-ci qu'il était soigné et blessé à Thionville. Je viens de le faire décorer.

Ce qui est impressionnant, c'est l'éclatement de leurs gros projectiles : le souffle de l'un d'eux m'a jeté par terre à Gercourt : je me suis relevé plein de terre, abruti, mais non touché ! Je finis par croire que je reviendrai et mon premier mot à la Chambre sera pour demander la mise en accusation du lâche qui a livré Lille, dont pendant deux ans j'avais empêché le démantellement. Je vous en ai souvent parlé. Je sentais bien que les Allemands arriveraient par là et quand un fort comme Troyon résiste ici aux pires bombardements, un camp retranché comme Lille se rend à une division de cavalerie, sans tirer un coup de canon : c'est la pire des hontes.

Quand on pense à la somme des deuils qu'il y a partout ! quels comptes auront à rendre ces deux empereurs ! mais la Victoire est au bout de tous ces efforts... »

Lieutenant-colonel Driant.

6 octobre. — A Madame Driant : « Dur combat aujourd'hui où mon 59ᵉ a été bien éprouvé. J'ignore encore le chiffre des pertes. Je n'ai rien, n'ayant pas d'ailleurs été aussi exposé que les chasseurs avec qui je marche d'habitude. Mais aujourd'hui on avait mis un bataillon dans une colonne, l'autre dans une autre et ma place n'était nulle part. J'ai donc vu d'assez loin tomber les obus lourds, « les noirs » comme disent les pauvres blessés, écrasant une demi compagnie, celle de G. — Et c'est douloureux de voir éclabousser de tous côtés, terre,

débris, membres dispersés. J'ai cette vision dans les yeux en me couchant.

Tout le monde a les yeux fixés sur le Nord d'où viendra la décision, mais nous soutenons ici une lutte qui comptera elle aussi. Tu verras dans la suite, plus tard, quelle place Verdun a tenue dans ces deux batailles de la Marne et de l'Aisne. La bataille d'aujourd'hui dure depuis avant-hier et ne finira que demain. Nous avons eu affaire aux troupes de Metz. On le sent quand ce sont les troupes de l'active ! Ils ont abandonné une tranchée profonde leur laissant toutes leurs armes, leurs cartouches, leurs liebig, chocolat, tabac. Je dis « leur laissant » car les chasseurs ont fait main basse sur tout.

J'ai été glacé la nuit dernière au bivouac dans un petit bois. Il a gelé blanc; tout cela s'oubliera avec la victoire...

Vos cinq lettres m'arrivent et tout s'éclaire; ce sont les bonnes lettres où tout le monde se serre autour de moi et cela me fait du bien, car les combats de tous les jours, sous la pluie qui recommence, avec les blessés gémissants qui passent sans arrêt finissent par tout assombrir. »

10 octobre, à la même. — « M. de Mun est mort. C'est une perte irréparable, surtout en ce moment. Quel beau chrétien, quel beau caractère ! C'était l'âme la plus noble que j'ai jamais rencontrée !... »

13 octobre, à la même. — « Depuis sept jours mes chasseurs campent et dorment dans les bois face à Etain où nous ne pouvons pas les attaquer parce qu'ils y sont plus forts que nous et y ont surtout beaucoup d'artillerie. — Mais mon dernier poste en est à deux kilomètres et on les voit à la lorgnette relever leurs postes et partir en patrouille. Nous occupons le nord d'une véritable forêt et nous l'avons hérissée de fils de fer et de tranchées ; ils n'y entreront pas : de temps en temps il arrive une avalanche d'obus ; on recule un peu à l'intérieur du bois : des hommes restent tapis dans le fossé et ils n'atteignent presque jamais personne. Hier à notre tour nous leur avons rendu la pareille. J'ai conduit deux pièces de 75 à un angle du bois d'où l'on voyait la gare d'Étain et au troisième obus le réservoir d'eau était éventré. Mais en somme on ne fait de progrès ni d'un côté, ni de l'autre, leur artillerie lourde nous tenant éloignés, quoique nous fassions. S'ils n'avaient pas cette supériorité, nous serions sur leurs communications depuis 15 jours.

Les nouvelles du Nord sont bonnes ; tant que notre ligne n'est forcée nulle part, c'est parfait. Or chaque jour la renforce et il faudra bien qu'ils s'en aillent. Hier un aviateur allemand a jeté sur Verdun des papiers disant : « Nous avons pris Anvers la première forteresse du monde. Nous prendrons Verdun dans huit jours et nous crachons sur le gouverneur ». Aimables gens ! Je pense à la guerre en dentelles de d'Esparbès. Nous en sommes aussi loin que du siège de Troie ! »

14 octobre, à la même. — « Quelle affreuse chose que cette guerre et combien ces Allemands dont nous avions apprécié certaines qualités familiales se montrent aujourd'hui de vrais bandits ! Tous les jours vers huit heures du soir les sept batteries qui sont devant nous incendient un village. Ce sont des torchères qui flambent au loin chaque soir. Mon

centre de B. au milieu des bois leur a échappé jusqu'à présent, mais il est à portée de leurs obus noirs (15 centimètres) et quand le premier y arrivera il faudra évacuer : aussi en nous couchant, nous avons toujours les voitures chargées prêtes à partir et nous nous en irions dans les bois dont je finis par connaître tous les sentiers. A Jarny, ils ont fusillé le maire devant sa femme et ses enfants ; l'instituteur a eu les yeux crevés à coup de baïonnette avant d'être fusillé. C'est le vicaire de Jarny actuellement infirmier qui nous a raconté cela.

Ce qu'il y a de merveilleux au milieu de toutes ces fatigues c'est que personne ne se plaint. Les hommes sont décidés à tout subir.

Voilà une alerte ; je vais voir ce que c'est et je reviens finir ma lettre... »

(3 heures après, 11 heures du soir). — « Les obus noirs sont tombés dans le bois qui commence à 300 mètres du village, au point exact où à cette heure même se font les distributions. Car on les fait le soir pour ne pas attirer leur attention par des mouvements de voitures sur les cinq routes. Donc ils ont été prévenus par quelqu'un du village et demain je ferai saisir deux ou trois braconniers suspects que le maire m'a soumis.

Toujours est-il que les coups se rapprochant des maisons, j'ai emmené tous les chasseurs et le 165ᵉ de l'autre côté de Braquis dans les prés ; les habitants qui restent ont suivi et nous avons attendu là sans aucune lumière qu'ils se décident à cesser leur feu. C'est ennuyeux parce qu'ils vont recommencer chaque soir.

Je me couche, harassé. Je pense à vous, au

bonheur de se retrouver tous après cet orage ayant tous fait notre part et de notre mieux... »

16 octobre, à la même. — « En ce moment avec Saint-Mihiel pris, il y a un barrage très dur à enlever. Comment mon fort du camp des Romains s'est-il laissé prendre en 24 heures? Liouville a résisté et Troyon!! Si tu avais vu Troyon, quelle ruine. Il a tenu tout de même Sa défense a été admirable !

Il y aura des lâchetés et des héroïsmes de toute tailles dans cette guerre. Mais la plus grande lâcheté sera celle qui aura livré Lille. Lille laissé de côté par les Prussiens au début puis se rendant à une division de cavalerie *après* la victoire de la Marne, puis repris par nous, recevant une garnison de territoriaux, puis hier repris par un corps d'armée allemand.

Avec ces 18 forts qu'on aurait pu depuis 60 jours remettre en état. J'en aurais pleuré. J'avais tant demandé avant la guerre que l'on s'occupe de la défense de Lille!! Je n'ai pas été écouté et malheureusement toute cette insouciance se paiera. Tu vas voir le centre de résistance qu'ils feront de Lille dans le Nord où toute la lutte se transporte!... »

18 octobre, à la même. — « Me voici sorti de mes bois de B. On m'a appelé à une autre mission : diriger les attaques sur un village nommé M., parce qu'elles n'avancent pas.

C'est ce soir que je rejoins mon nouveau poste dans des tranchées en avant d'Aulnois le château brûlé des L. On ne peut travailler à ces sapes que la nuit, car tout ce qui se montre de jour déchaîne une rafale de schrapnels. Il faut par des boyaux défilés atteindre les tranchées allemandes qui sont encore à 300 mètres, puis leur lancer des pétards de mélinite tout allumés pour les obliger à filer, et sauter dedans. Tu vois que l'on a une bonne opinion des chasseurs pour leur confier cela.

Le 164ᵉ qui marchait avec nous est rappelé par le gouverneur pour aller renforcer un autre point du front où l'on craint une attaque. Alors nous restons seul dans ce pays désolé. J'aimerais mieux les tranchées de L. mais on finit par se résigner à tout ce qui vous échoit. Défendre ceci ou cela c'est toujours tenir sa place et faire son devoir... »

19 octobre. — « Nous sommes ici en contact permanent avec les lignes prussiennes qui défendent leur ligne de communication vers Saint-Mihiel; les pièces de 14 de la marine arrivées à V. sont installées non loin de nous et vont leur donner des surprises inattendues, car elles ont une portée utile de 14 kilomètres. Nous avons aussi des fusées parachutes qui sont très ingénieuses et qui éclairent leurs travailleurs pendant 2 ou 3 minutes; on leurs fait alors un feu d'enfer et hier nous avons trouvé plus de 300 cadavres parmi lesquels un superbe officier habillé à neuf et dont on voyait le pli du pantalon. Evidemment il venait d'arriver sur le front. Ils en auront perdu par ici ! Mais la vie humaine ne compte pas pour eux... »

29 octobre. — « Je suis toujours là ! Il y a en ce moment une poussée de la garnison de V. vers le nord qui est notre secteur. Hier mes deux bataillons ont fait avancer la besogne de 800 mètres dans les bois de C. Aujourd'hui c'est près de la Meuse que nous

essayons de progresser de concert avec la III° armée qui attaque de son côté sur la rive gauche de la Meuse. Regardez sur une carte des environs de V. et vous verrez combien nous sommes en avant de la place. »

Samogneux, 2 novembre, à Maurice Barrès. — « Nous les maintenons ici à 20 kilomètres de Verdun ; donc impossibilité de placer leurs batteries lourdes à bonne portée et ils ne prendront jamais Verdun. »

3 novembre, à Madame Driant. — « On m'amène un prisonnier fait cette nuit par le 59° aux avant-postes. Ce qu'il y a de caractéristique chez tous ceux que nous voyons passer c'est d'abord leur joie d'être pris, puis la facilité avec laquelle ils donnent du petit au grand, tous les renseignements qu'on leur demande sur leurs positions, leurs forces, etc. »

28 décembre, à la même. — « Nous avons fait prisonnier un officier allemand qui par derrière nos lignes a abattu cinq chasseurs à coups de fusil. Quand on l'a interrogé il a répondu en bon français. « Je suis aussi patriote que vous et ne vous dirai rien. » Il avait un poignard ouvert dans sa poche, sans doute pour se défendre dans la lutte rapprochée. »

Dans sa lettre de chaque fin d'année, Driant adresse aux siens, à ses amis, des recommandations toujours écoutées en vue d'acquisitions destinées aux deux bataillons et la formation de 2.000 colis comprenant chacun : mouchoir, tabac, chocolat, briquet, peigne, glace, savon, gants, etc, etc.

Lettres de 1915

Avant-poste (nord de Verdun) 3 janvier 1915. — « Monsieur l'Abbé et cher ami, mes plus affectueux mercis pour votre si bonne lettre et tous mes vœux les meilleurs au seuil de l'année qui commence.

Je suis rentré de Paris le lendemain de Noël : un gros combat était engagé sur mon front et rien ne me l'avait fait prévoir. Mes chasseurs ont conquis 500 mètres de tranchée dans les bois au prix de 150 tués ou blessés dont trois officiers ; mais il y a plus de 400 cadavres allemands devant nous, tous du 5ᵉ bataillon de chasseurs prussiens.

Je suis arrivé pour voir la fin et tomber dans le vent d'un obus de 150 qui m'a jeté dans la boue. Je suis passé à travers tout sans une égratignure et les chasseurs qui tous ont une médaille de la Sainte Vierge, se disent entre eux que je dois en avoir une de qualité supérieure.

Le grand, le plus grand avantage obtenu dans ces cinq mois de guerre, *c'est que l'Allemand ne nous fait plus peur.* Nous sommes partis au devant de lui avec le sentiment secret, la crainte mystérieuse de sa supériorité : ses victoires de 70, son orgueil, sa confiance, tout nous en imposait. Aujourd'hui le plus simpliste de nos hommes dit : « Le Boche! », hausse les épaules et fonce dessus.

Pour qui connaît la valeur du facteur moral, ceci est capital, l'offensive allemande est brisée en France. Elle n'y fera plus un pas en avant; jamais elle ne pénètrera dans Verdun, y amènerait-elle tous ses 420.

J'ai eu la chance de trouver deux beaux bataillons, tous composés d'anciens chasseurs; pas un n'a tourné la tête depuis le 7 août, jour où nous avons été en première ligne, ligne d'où on ne nous a jamais relevés. Ils sont allés en Argonne, dans la Woëvre, maintenant dans les tranchées au delà des forts du nord de la Place, à deux ou trois cents mètres des tranchées allemandes; ils sont blêmes, boueux, barbus, mais aguerris, de belle humeur, narguant l'hiver et prêts à partir vers le Rhin. Cette année verra le retour de l'Alsace à la France. Je ne l'espérais plus : y avoir pris part au premier rang, ce sera ma dernière et plus grande joie : je prie Dieu de me donner la santé jusqu'au bout. Jusqu'à présent je n'ai pas eu une heure d'indisponibilité et je remonte à cheval comme avant. Ce sont les chasseurs qui m'ont remonté, en m'amenant deux chevaux de uhlans. Ils sont d'un dévouement à toute épreuve. Madame Driant leur a envoyé un Noël à chacun comprenant sept ou huit objets. Les enfants avaient mis dans chaque paquet un mot personnel : un chasseur est venu m'en montrer un enfoui pieusement dans son porte-monnaie : « Aux petits chasseurs de notre papa », avaient écrit Raoul et Robert : et ce sont ces choses avec les dangers courus ensemble qui créent les liens solides et suscitent les dévouements. Tous les chasseurs savent que ma nouvelle rosette m'a été envoyée par le vieux Rolland, le clairon de Sidi Brahim : quatre-vingt-seize ans! Sidi Brahim, 1845, soixante-neuf ans de cela! Cette pensée m'a remué et j'ai remercié le vieux chasseur d'Orléans avec une larme au bout de ma plume.

Bonne année, Monsieur l'Abbé et cher ami. Une prière pour moi et pour mes deux bataillons. »

Lieutenant-Colonel Driant.

22 février 1915, à sa fille Marie-Térèse. — (Cette lettre a été écrite un an jour pour jour avant la mort du colonel.)

« Calme plat aujourd'hui. A peine quelques coups de canon de notre côté : aucun du leur. Il y a comme cela des espèces de trêves dues on ne sait à quoi.

J'ai reçu ce matin une longue lettre d'un instituteur qui me dit des choses vraies sur quelques-uns de ses confrères. Il plaide une cause juste d'ailleurs, cette guerre ayant ouvert les yeux aux instituteurs comme aux autres. Mais si je te parle de cette lettre, et si elle m'a particulièrement touché, c'est parce que dans ses dernières phrases, il me dit que les tranchées sont face au village où il exerce : Neufchâtel. Et c'est là que je suis né, et je revois tout le passé comme si j'y étais. Te souviens-tu qu'ensemble, il y a trois ou quatre ans, par une pluie battante, en automobile, nous y sommes passés, que j'ai voulu aller revoir le pont, notre maison, notre jardin... J'ai une larme qui monte malgré moi. Tu verras, quand on est au déclin de la vie, comme tous ces souvenirs d'enfance sont doux et vivaces, si insignifiants soient-ils. Pauvre pays dévasté aujourd'hui ! Figure-toi que, sachant cela, les tranchées allemandes là-bas, je me trouve une raison de plus de lutter contre eux ici, comme si c'était Neufchâtel que je défends. Ah, ces souvenirs de la petite enfance ! J'en suis parti à quinze ans, après la guerre : dans la maison que j'ai été revoir nous logions une centaine d'Allemands. Ils sont restés quatorze mois. Et aujourd'hui, nous les chassons et Dieu m'a laissé assez de santé pour participer à cela. Qu'il soit béni !... »

23 février, à Madame Driant. — « En rentrant j'ai fait hier le tour de mes propriétés, j'ai constaté l'incendie de neuf de mes maisons et des trous d'obus plus nombreux que jamais.

Mes deux bataillons vêtus d'oripeaux, recouverts de toile de tentes, de couvertures, de tapis de table trouvés dans des maisons, de peaux de mouton, ressemblent à des bandes de brigands, mais la belle humeur est toujours là et j'étais content de les retrouver. Ils savaient déjà qu'on nous avait donné à choisir entre Paris et eux, mais ne doutaient pas de mon retour. »

Mars, à la même. — « Je ne suis pas sûr de t'avoir envoyé cette proposition de loi dont parle le hénéral Cherfils dans l'*Echo* d'hier et qui, tu le devines, m'attire de nombreuses lettres de veuves et de blessés. Je voudrais, vois-tu, qu'après la guerre, si j'en reviens, on ne puisse pas dire que j'ai tout à fait négligé mes fonctions législatives.

Une veuve me donne une idée très juste; c'est la femme du colonel N, dont je t'envoie d'ailleurs la lettre dans une autre enveloppe. Donner la gratuité à La Flèche à tous les fils d'officiers tués à l'ennemi. N'est-ce pas déjà très beau que ces enfants veuillent embrasser la carrière de leur père ? Si tu as d'autres idées du même genre, écris-les moi; si tu en entends énoncer de justes autour de toi, fais m'en part car ce n'est pas après, c'est *pendant* qu'il faut arracher cela aux Chambres. Dans la joie de la victoire on ne songera plus guère aux morts. »

2 mars, à la même. — « Il y a alerte un peu partout sur notre front et les obus ne cessent pas de passer le plus souvent très haut au-dessus de nos têtes, combats entre batteries, parfois dans nos environs quand cela devient gênant, on se fourre dans les abris préparés *ad hoc* et on attend que ce soit fini. Vraiment on s'habitue à tout cela très vite et je commence à comprendre les époques de notre histoire où la vie humaine comptait pour peu de chose et où la guerre durait des années et des années. Ce qu'il y a d'extraordinaire c'est que le pays puisse vivre dans une espèce de tranquillité financière comme il le fait, que chacun ait encore de quoi s'acheter du pain.

En ce moment la vie est vraiment dure car nous sommes dans la neige fondue, ce qui est la pire chose. Tu as dû trouver le sergent que je t'ai envoyé très propre et même coquet. Je voudrais t'en envoyer un sortant de la boue. Et dire que jamais ils ne se plaignent.

J'ai reçu pour eux une boîte de cigares envoyés par les enfants de l'école communale d'Ivry, le pays de Coutant !!! Vraiment il n'y a plus de partis. Dieu veuille que l'union sacrée soit définitive !! »

3 mars 1915, à la même. — « Mes bataillons conservent toute leur vigueur et leur belle humeur et j'en suis content car il y a quelques indices de dépression dans certains corps, surtout chez ceux qui n'ont pas de nouvelles des leurs. Je n'ai plus que 12 ou 15 malades par jour sur 1.100 hommes dans

chaque bataillon. Plus de 150 blessés des premiers combats sont revenus, l'ayant instamment demandé et ce sont ceux qui ont le plus d'entrain. Je t'assure que leur accueil à mon retour était touchant, plusieurs venant me rappeler des péripéties de Gercourt ou d'Ornel. Je cherche parmi eux un clairon qui a sonné la charge quand j'ai donné le signal, alors qu'il avait déjà une balle dans le pied. Je voudrais lui remettre un clairon tout en argent qu'un monsieur James Blanc de Paris m'a envoyé pour le « Clairon le plus vaillant des deux bataillons »....

5 mars, à la même. — « Je rentre d'assister à un bombardement furieux de notre artillerie lourde sur le bois de C. C'était grandiose j'ai pu voir cela d'un observatoire où nous nous étions préservés le mieux possible des éclats et d'où nous avons pu juger des coups.

S. est bombardé parce que jamais l'Allemand ne laisse un coup sans riposte et que le mal que nous leur faisons dans les bois ils nous le rendent dans les villages. On est prévenu par les premiers coups rapprochés, on prend ses précautions; ce n'est que bruyant et il faut de la malchance pour être atteint... »

9 mars, à la même. — « Que dis-tu de ce pitoyable Constantin? Et dire que quand j'ai écrit dans *La Libre Parole* l'article intitulé « Encore lui, Constantin! » on m'a trouvé trop dur! Puisse son peuple ne pas s'apercevoir trop tard que le Kaiser est le grand maître du palais... »

18 mars, à la même. — « On m'a appporté ta lettre hier à 14 heures dans une tranchée où nous attendions le déclenchement d'un spectacle où bien des gens paieraient cher pour avoir une place. Le 165ᵉ à notre gauche avait perdu il y a huit jours cinq tranchées dans les bois de C. que nous avions prises à Noël et que nous lui avions passées. Il devait les reprendre : ordre formel. Nous devions l'aider, s'il était nécessaire, et j'avais pris deux compagnies dans le bataillon de réserve qui étaient toutes prêtes à intervenir : elles n'en ont pas eu besoin.

Pas un bruit, pas un coup de feu depuis midi.

Figure-toi un abri de mitrailleuse, la pièce sur son trépied ; assis commodément sur une caisse à cartouche, je vois par le créneau horizontal tout le terrain où va se dérouler l'action ; à nos pieds une petite vallée qui monte vers les Boches à droite, puis de l'autre côté le bois de C. qui escalade des mamelons assez raides. C'est sur le premier que sont les tranchées à reprendre ; elles sont à cent mètres au plus de celles qu'il a fallu recreuser après leur perte.

Je vois à 400 mètres environ nos camarades de dos, aplatis derrière le remblai, serrés les uns contre les autres, attendant l'heure..... Et tout de même, bien qu'on se familiarise avec cette idée, on pense que tout à l'heure, beaucoup d'entre eux seront immobiles sur le dos ! Cette pensée serre le cœur...

A 15 h. 40 juste (nous recevons par T. S. F. l'heure de la Tour Eiffel), un de nos obus de 120 arrivant de très loin, rompt le lourd silence qui enveloppait tout et tombe en plein sur la tranchée allemande. C'est le signal : 20 batteries de tout calibre tonnent à la fois, dont 8 de 75, les autres lourdes, et le spectacle est magnifique : avec une précision étonnante, tous les coups tombent sur les tranchées à enlever; c'est un martellement, le 75 faisant à lui seul plus de bruit que les gros, avec son coup de hache si caractéristique : une épaisse fumée noire monte au-dessus des arbres et l'on s'imagine les Boches recroquevillés sous cet orage inattendu, car pas un mouvement chez nous n'avait pu le leur faire deviner. J'avais amené mes renforts à 4 heures du matin; le brouillard était épais, ils ne pouvaient se douter de rien.

20 minutes de cette musique d'enfer, puis on voit le 165° sortir, sauter plutôt hors de ses tranchées, officiers en tête, courir, disparaître dans les fourrés d'ailleurs très clairsemés... Entre temps l'artillerie allemande s'était mise de la partie et ne sachant d'où le coup allait venir, arrosait partout, nos tranchées comme les autres; mais dans ces moments-là, je crois qu'on serait blessé sans le sentir, tant l'attention est tendue vers le succès.

Et c'est un succès en effet, grâce à l'artillerie qui a tout déblayé. Dans les tranchées boches, une centaine de cadavres, des prisonniers, une trentaine qui se rendent avec empressement, heureux d'être sortis de cet enfer, par la bonne porte, celle de chez nous; la fusillade allemande des tranchées suivantes arrivant trop tard et la nappe de nos obus comme soulevée tapant 300 mètres plus loin pour couper la route aux contre-attaques qui pourraient venir.

Et jusqu'à la nuit on travaille, le génie nous aidant à retourner les tranchées reprises. Une compagnie n'a pas pu arriver jusqu'à la sienne : elle s'est empêtrée dans les fils de fer; alors on creuse au pied des fils de fer, pour s'accrocher au moins là ; pendant la nuit on les coupera, pour redonner l'assaut demain matin.

Et c'est alors que le spectacle devient grandiose, car dans la nuit, les fusées de toutes couleurs, signaux pour l'artillerie ; les bouées lumineuses planant en l'air comme des cerfs volants et au fond de l'horizon leurs puissants projecteurs, tout cela joue à la fois tandis que les obus de notre artillerie lourde continuent à arriver régulièrement. Notre mitrailleuse n'a pas eu à tirer. J'attends encore une heure que les projectiles soient raréfiés ; je gagne un boyau, longe la lisière d'Haumont : le fidèle planton qui est venu d'Haumont avec moi, son fusil en bandouillère me conte naïvement ses impressions. J'arrive à Haumont. Le village a été bombardé, quelques blessés que je vais voir ; je leur donne de la chartreuse ; je serre la main aux officiers qui étaient là avec leurs troupes en réserve, puis par le téléphone je demande un cheval à Samogneux. Le brave Gaston arrive une demi-heure après. Je rentre par la nuit noire, mais les chevaux connaissent les moindres aspérités ; on évite la route toujours balayée, Hulane fait des cabrioles, toujours pressée de rentrer, et je trouve avec joie la lampe, la soupe, mon lit, alors que je comptais rester au bois si l'attaque n'avait pas réussi. »

24 avril 1915, à la même. — « Journée d'émotions ; ce matin, à 4 heures, fusillade enragée, canonnade, etc. Je me dis : « C'est dans le bois de C. Pauvre 165e toujours attaqué ! » Et je me lève sans me presser quand le téléphone m'appelle : mes postes

7-8-20 sont attaqués au bois d'H ; des obus arrivent sur le village ; un tué, un blessé, etc.

Or ce sont les territoriaux qui en ce moment occupent le bois ; je me dis : les Allemands l'ont appris par un prisonnier d'un régiment voisin ou autrement, et profitent de ce qu'ils n'ont pas affaire aux chasseurs qui ne se laissent plus émouvoir facilement.

Et sais-tu ce qu'il y a de plus rude à supporter ? C'est qu'on ne peut pas aller soi-même sur place. Il faut rester l'oreille au téléphone jusqu'au moment où le fil est coupé par un obus et alors le commandant du bois est livré à lui-même. J'ai mis en alerte le bataillon qui est à 5 kilomètres d'ici, au repos à V., mais il lui faut 1 h. 1/2 pour arriver, puis les Allemands font barrage pour empêcher nos renforts d'atteindre le point attaqué. Alors on ne sait jamais... s'ils prenaient pied dans le bois !... Je tremble en y pensant.

D'ailleurs coûte que coûte il faudrait reprendre ce qu'on a perdu et ces contre-attaques coûtent cher.

Enfin la fusillade s'est ralentie, l'attaque avait renoncé ; à 7 heures c'était fini pour la fusillade, mais les canons ont de part et d'autre donné toute la matinée.

Hier notre pauvre église de Samogneux a été éventrée. Elle est finie, tout est dans un désordre inexprimable. Un séminariste du 165ᵉ est venu chercher le Saint Sacrement et l'a mis dans la sacristie qui n'avait pas été touchée. J'ai emporté la tête du petit Jésus coupée dans les bras de sa mère. Chose curieuse ; une grande statue du Christ qui est au dessus de l'autel a été déplacée par le souffle sans tomber et elle est maintenant tournée vers le trou de l'obus avec l'air de dire : « Voilà ce que vous avez fait de ma maison. »

Samogneux, le 29 avril 1915. — Driant s'adresse ainsi à ses hommes :

« L'activité manifestée par l'ennemi ces jours derniers aux environs de Verdun, aux Eparges, à Ornes, doit être un stimulant et un avertissement tout à la fois. Il ne faut pas se dire que l'on appartient à un secteur qui a peu de chances d'être attaqué ; il faut pouvoir se dire qu'on l'a rendu inattaquable.

« Le commandant compte absolument sur les deux bataillons chargés de tenir le bois d'Haumont.

« 1° Pour que *jamais* une tranchée ne soit abandonnée par ses défenseurs, comme vient de l'être celle du moulin d'Ornes.

« 2° Pour que la mise en état de défense du sous-secteur, dont l'hiver avait ralenti l'organisation définitive, soit poussée aussi activement que possible.

« Le principe de la défense à outrance d'une tranchée ne souffre pas d'exception. Même si ses défenseurs se croient tournés, leur devoir exige qu'ils continuent à s'y défendre ; leur intérêt doit les y déterminer également, car reculer à travers bois, en lâchant son poste, c'est tomber sous le feu de la ligne de soutien.

« Le rôle de la première ligne est donc simple : *tenir quand même, tenir coûte que coûte*, en attendant que la contre-attaque certaine vienne la délivrer.

« Dès lors, chaque commandant de tranchée doit

s'ingénier à faire de son poste une petite forteresse, entourée de ronces et d'obstacle, capables de se défendre, même si l'ennemi arrive par derrière.

Le rôle de chaque commandant de compagnie consiste à rendre impénétrables les intervalles compris entre chacun de leurs postes.

Au commandant des avant-postes enfin, revient la mission de veiller à ce que le réseau général de fils de fer et d'éléments Lagarde qui enveloppe la position d'Haumont soit rendu chaque jour plus inextricable.

Le commandant du bataillon qui sera de garde le 3 mai fera connaître au commandant ce jour là, si ce réseau réalise partout les conditions que vient de rappeler le général de division dans sa note de service N° 546 du 28 avril.

Chacun doit être bien pénétré de l'idée qu'à l'heure où nous sommes, les travaux de sécurité doivent prendre le pas sur les travaux de commodité ou d'aménagement. »

2 mai, à Madame Driant. — « J'ai pu faire hier soir le tour complet de mon nouveau domaine de C. et je t'assure qu'en retrouvant mon lit à deux heures du matin, j'admirais profondément les hommes qui sont là à 40, 50 et en un point à 15 mètres des Allemands et sur qui repose toute notre sécurité. Mais je ne dormirai plus guère tant que je serai là. Nous sommes littéralement encerclés par eux dans ce bois et ils occupent les crêtes pendant que nous sommes dans les fonds. Le gouverneur est venu me voir hier, m'a dit qu'il comptait sur les chasseurs pour ne pas se laisser enfoncer, etc. Ma peur c'est le gaz asphyxiant, car on a

beau se mettre un mouchoir mouillé sur la figure (nous avons partout dans les tranchées des baquets d'eau) ce n'est qu'un préservatif insuffisant.

Si nous sommes encore là dans un mois j'accumulerai des fascines goudronnées, du pétrole, etc., et, un jour de vent venant du sud, je mettrai le feu à la forêt. En ce moment on ne le pourrait pas.

Il y a une tranchée, où ils nous jettent des pierres ; on voit leurs mains qui se lèvent dans une autre, comme pour dire bonjour, bonjour. Sur certains points ils ont des tireurs d'élite toujours aux aguets et malheur à qui se montre ! Bref ici c'est la guerre d'apaches si dissemblable de celle que j'aurais rêvée ! »

3 mai, à la même. — « Je viens de recouvrer mon 56°. Je suis allé au-devant de lui à 15 kilomètres d'ici ; il est rentré clairons sonnants, les hommes, fiers, me regardant dans les yeux et semblant dire : « 120 des nôtres sont restés là-bas, mais vous devez être content de nous ». Ah, oui, j'étais content de les retrouver ! Ils ont défilé avec leur fanion neuf de Mère Thérèse (1) et quand la neuvième compagnie, mise à l'ordre, est passée devant moi sans officiers, conduite par le sergent-major Bodelle qui à lui seul l'avait maintenue sous un feu terrible, je t'assure que j'avais les larmes aux yeux. Comme mon cœur se serrait en pensant aux six officiers manquants ! Et ils étaient contents de revenir, si tu savais. Je lisais de la joie dans tous les yeux.

Nous quittons le bois de H dans lequel nous avions jusqu'aux tranchées boches un glacis découvert de

(1) Une religieuse, Mère Thérèse-Marie du Saint-Sacrement.

600 à 1200 mètres de long. On nous donne le bois de C. où nous sommes presque partout à 50 mètres d'eux, souvent à 30 mètres seulement. Et c'est l'alerte permanente, le fusil toujours prêt!! C'est un poste d'honneur et les chasseurs eux-mêmes en sont très fiers. »

10 mai, à la même. — « Je rentre ce matin harassé mais content. Je t'ai dit sans doute que j'avais projeté de ramener au pied de notre croix, le capitaine B. tué dans la deuxième attaque manquée des E. Nous y avons réussi cette nuit à grand'peine. Mais je ne puis te décrire cela dans une lettre. « Du côté allemand le ciel illuminé par des fusées incessantes, les projecteurs de nos forts balayant toute la Woëvre, le canon ininterrompu et mes cinq chasseurs travaillant fébrilement au milieu de tout cela »... Je suis heureux en songeant que sa femme et ses enfants auront la consolation de le retrouver plus tard. Le sort de ceux qui reposeront dans notre petit cimetière est enviable. Je voudrais pouvoir donner semblable sépulture à tous ceux qui tombent autour de moi. »

26 mai, à la même. — « Je pars à minuit à pied avec Gaston portant deux musettes remplies de tabac. C'est, distribué comme cela, à quelques mètres des Boches, quand ils veillent derrière leur créneau, que ce tabac leur fait plaisir. Et puis je sais que cela les rassure de me voir venir souvent. Vois-tu, à la guerre le soldat est un enfant; c'est infiniment vrai, et, comme on sent qu'il a l'œil sur vous, ce sentiment d'être tout pour lui vous donne une décision qu'on n'aurait pas en temps ordinaire.

Pour qu'il croie et suive, il ne faut pas qu'il soit témoin d'une hésitation, et dès lors on n'hésite pas devant les situations qui en temps ordinaire exigeraient de la réflexion. Ce qui est certain c'est que cette influence ainsi acquise à la longue devient une espèce de foi, et sous les mitrailleuses, l'homme part sans hésiter quand on le lui dit. Les chefs qui n'obtiennent pas cela ne méritent pas de commander. Je te dis tout cela parce que j'ai eu de ces braves gens des preuves touchantes d'attachement. Eux aussi m'ont souhaité ma fête. Qui la leur avait indiquée ? Ils vont être contents, ce soir, du tabac surtout, maintenant qu'on en reçoit très peu, car Verdun n'est plus alimenté comme il y a cinq ou six mois.

Combien je voudrais être sûr de te revoir! Ce n'est pas que je risque grand'chose, vois-tu ; il y a sur le front bien d'autres points plus dangereux que le nôtre. Mais les Allemands n'ont pas renoncé à prendre Verdun, j'en suis absolument certain; la lutte sera chaude ; nous recevrons le premier choc ; j'ai bon espoir que mes braves chasseurs ne les laisseront pas passer. »

29 mai, à la même. — « Nous avons une tranquillité relative en ce moment, mais on n'a pas la tête en repos en les sentant si près et la question continuelle qu'on se pose c'est : « S'ils venaient à passer là où je suis ? »

4 juin, à la même. — « J'ai eu la visite des aviateurs ces jours-ci. Ils m'avaient annoncé une grande sortie, et, en effet, ce matin, vingt-sept avions sont passés; d'abord un, quatre, puis le reste, un peu

comme une bande d'oiseaux migrateurs. — Si la guerre dure longtemps, ils partiront par centaines pour des bombardements lointains. A S. nous recevons tous les éclats que leur envoie l'artillerie boche. Aussi faut-il avec soin faire rentrer tout le monde. Nous recevons d'ailleurs de même les éclats français tirés sur les taubes.

Des prisonniers boches passent devant ma porte et je vais les interroger. L'un d'eux n'a pas dix-sept ans ; l'autre une tête de brute. Hier il a fallu arracher aux hommes du X un blessé qu'ils voulaient achever ayant appris comment nos blessés avaient été martyrisés par ces bandits. Si nous allons, ou plutôt quand nous irons en Allemagne, il y aura des vengeances que nous ne pourrons empêcher. Les chasseurs du Nord qui n'ont pas entendu parler de leurs familles depuis cinq mois et qui craignent tout pour elles, seront avides de faire payer tout cela, mais non pas aux femmes et aux enfants. Les deux prisonniers qui sont là ont déserté pour venir dans nos lignes, risquant gros.

4 juillet 1915, à la même. — « En ce moment, c'est la vie de tranchées, avec ses monotonies, mais aussi avec ses terribles imprévus. Ainsi, ce matin, un « minenwerfer » ennemi placé tout près, a envoyé juste, sur un lieutenant abrité avec quelques hommes, un paquet de cheddite de vingt-sept kilos qui a tout pulvérisé. Il a fallu rechercher les membres très loin dans une toile de tente, mélanger ceux des hommes et de l'officier et enterrer tout au plus tôt.

Voilà la terrible égalité. Quand j'adresse un adieu à une tombe, ce qui est à peu près tous les jours, sans que le plus humble soit oublié, je ne manque pas de montrer à mes hommes combien nous sommes égaux dans le danger et, il me semble que de cet enseignement fait partout, il devra rester quelque chose, chez ces révoltés du temps de paix qui prêchaient la lutte des classes... pauvres classes mélangées ce matin dans le même linceul. »

Samoigneux, 6 juillet 1915. — Le lieutenant-colonel commandant le sous secteur de Consenvoye au colonel commandant la 143ᵉ brigade à Vacherauville.

« J'ai l'honneur de vous exposer que la note de service *urgente* et *secrète* qui conclut » que nos positions doivent être formidables dans trois semaines », doit avoir pour corollaire inévitable un envoi supplémentaire aux travailleurs sur le front.

« Je déclare très nettement que je ne puis à la fois assurer la garde de mon sous-secteur, donner le repos indispensable à des hommes qui sont en première ligne depuis le premier jour et trouver dans mes effectifs le nombre de travailleurs de jour et de nuit nécessaire aux multiples travaux de renforcement.

« J'ai donc l'honneur de vous demander de vouloir bien signaler cette situation qui n'est pas spéciale à mon sous-secteur, mais à laquelle le haut commandement seul peut remédier. »

DRIANT.

13 juillet, à Madame Driant. — « Nous nous attendons à une attaque la nuit prochaine. Le canon ne cesse pas en Argonne où le Kronprinz cherche un

succès à tout prix, et tout le monde croit qu'à l'occasion du 14 juillet, il voudra obtenir quelque chose. Il est certain que quand des tranchées sont à 50 mètres et moins les unes des autres, celui qui attaque et qui le fait à son heure, peut toujours, après quelques heures de bombardement intense, sauter sur les tranchées adverses et en prendre un bout. On l'en rejette le plus vite que l'on peut, sans attendre qu'il s'y organise, mais ce sont des pertes et c'est ce que j'évite par-dessus tout.

21 juillet 1915. — 72ᵉ *Division.* — *Secteur 157.* — A Monsieur Richardot. — « ...Quelle guerre, mon vieil ami! Toutes les imaginations sont dépassées. En voyant les ruines du fort de Troyon, les effets du 420, du 380, de ces monstres d'une tonne, je ne m'étonne pas qu'ils aient compté prendre Paris en quarante-huit heures. Le miracle de la Marne est bien la plus extraordinaire manifestation de la valeur de notre race. C'est le courage du poilu et des cadres inférieurs, un mépris étonnant du danger et de la mort qui ont réparé les horreurs, les CRIMES d'en haut. En haut, on n'avait rien prévu et encore à cette heure on improvise comme on peut.

Ici, dans ce secteur des Hauts-de-Meuse je suis sur un front de 3 kilomètres, à 20, 30, 40, 50 mètres D'EUX. Coups de feu, injures, envois de journaux, canonnade, mines et crapouillots, c'est la monnaie quotidienne. J'ai perdu 1.300 chasseurs depuis le commencement dans six combats dont deux très durs en Argonne, 26 officiers, mais il me reste un noyau du début qui est devenu admirable de résistance et de moral et qui dresse à son image tous les nouveaux arrivants. Aussi, quand nous entrerons enfin en Allemagne, quand l'épuisement les obligera à fragmenter leur front, vous verrez si mes deux bataillons sont les derniers.

Je remercie Dieu de m'avoir donné la santé qui m'a permis de n'avoir pas un jour d'indisponibilité depuis le 6 août et d'avoir vu se réaliser ce que j'avais si souvent rêvé. Au moins je l'aurai faite, cette guerre de Revanche.

Je suis allé quelques jours à Paris, quatre fois entendre des ministres à la Commission de l'armée et ces instants ne me donnaient que l'envie de revenir vite ici... J'ai passé hier une revue et ai distribué 75 croix de guerre, embrassé 75 poilus de la bonne trempe. Ce sera beau l'histoire de la guerre, vous savez. Ah! certes oui, *nous les aurons* et nous les aurons battus, seuls sans aide, au moins dans la première année. »

18 août. — (Il s'excuse de n'avoir pas récrit à son ami le colonel Bergot).

« Ah cela il ne faut pas m'en vouloir. Mieux que personne vous savez qu'il y a des à-coups dans la vie et ce bois de Consenvoye (je confiais un peu trop à la Providence le soin de le garder) je me suis décidé à le transformer suivant la volonté d'en haut — petites activités, petits effectifs. Mais c'est un tel dédale que, quand j'ai parcouru tranchées et boyaux, pendant quelques heures je rentre éreinté.

L'âge arrive, hélas! et je bénis cependant Dieu de m'avoir laissé assez de vigueur physique pour l'empêcher de réagir outre mesure. Je voudrais seulement aller jusqu'au bout, si lointain que soit ce bout, et finir avec vous ce périple plus fameux et plus étrange que toutes les guerres passées.

Toujours en éveil, il envoie, le 22 août, ces lignes à M. Paul Deschanel :

« Mon cher Président,

Je voulais écrire à M. Millerand ou au Président de la Commission de l'Armée ce qui suit. Je me permets de m'adresser à vous, parce que je crains que ma lettre, si l'attention n'est pas attirée sur elle, n'aille grossir le monceau de suggestions qu'on envoie au généralissime pour s'en débarrasser.

La vague allemande va refluer : les Russes vont être hors de cause pour six mois. Nous pensons ici que le coup de bélier sera donné sur la ligne Verdun-Nancy. Quel effet moral produirait la prise d'une de ces deux villes ou des deux à la fois ! Or s'ils y mettent le prix, et ils ont prouvé qu'ils savaient sacrifier 50.000 hommes pour emporter une place, ils peuvent passer.

Peut-être n'iront-ils pas bien loin ensuite, mais ne faut-il pas tout faire pour éviter que le trou se creuse ?

Nous faisons tout, jour et nuit, pour rendre notre front inviolable et le nôtre, N. passe pour le mieux organisé ; notre général de division est un homme de premier ordre, essayant de tout prévoir, toujours sur pied, mais il y a une chose à laquelle il ne peut rien : *le manque de bras.*

Et c'est là-dessus que je vous demande d'appeler l'attention du Ministre. Si notre première ligne est emportée par une attaque massive, notre deuxième ligne est insuffisante et nous n'arrivons pas à la constituer : *manque de travailleurs* et j'ajoute : *manque de fils de fer barbelés.*

Il y a à l'intérieur, des corps entiers inoccupés, se morfondant dans l'oisiveté ou dans une série d'exercices surannés. Qu'on nous en envoie avec des outils, et du fil de fer qui manque dans notre place et qu'on nous promet pour le 10 septembre seulement.

Si on ne le fait pas, nous ne serons pas prêts quand la vague refluera. Ce n'est pas bien entendu le commandant d'un petit secteur des-Hauts-de Meuse qui vous écrit. C'est votre collègue qui ne veut prendre part à aucune discussion parlementaire, mais qui, depuis dix mois sur ce front et le connaissant bien, croit de son devoir de pousser un cri d'alarme.

C'est à la sympathie que vous m'avez marquée que je m'adresse, afin d'être sûr d'être entendu.

Si par la voie hiérarchique, on répond que je me trompe, que tout est prêt, que tout va bien, on se trompe, on ne sait pas.

Pendant que nous avons un répit de quelques semaines il faut à tout prix combler les lacunes dans le détail desquelles je n'entre pas.

Je me résume : des *bras*, des *outils* (y compris des outils de mineur), du *fil de fer barbelé*.

Quant à l'artillerie et surtout aux mitrailleuses dont nous n'avons qu'un nombre infime, je n'en parle pas, parce qu'on nous en promet.

Veuillez agréer, mon cher Président, l'expression de mon fidèle et respectueux dévouement. »

DRIANT,
Membre de la Commission de l'Armée.

Cette lettre reçoit, par retour du courrier, la réponse suivante :

24 août 1915. — « Mon cher et vaillant collègue, je remettrai moi-même votre lettre demain ou après-demain au ministre de la guerre.

Croyez à mes sentiments fidèles et dévoués. »

Paul DESCHANEL.

Ordre du jour du 5 septembre adressé au groupe des bataillons de chasseurs :

« Le lieutenant-colonel, commandant le groupe, est informé, et regrette de l'être tardivement, que depuis quelque temps, des communications ont lieu de tranchées à tranchées, notamment aux points B et I, entre chasseurs et Allemands.

« De pareilles relations ne pourraient s'expliquer que dans un seul cas, celui où, sous forme de brèves explications, elles aboutiraient à amener des déserteurs dans nos lignes. Mais dans tous les autres cas, elles sont condamnables et les chasseurs, pour en comprendre tout l'odieux, n'ont qu'à se rappeler les fusillades d'innocents, les massacres de blessés, les viols et les incendies, en un mot les atrocités commises en France par les Allemands quand, regardant la victoire comme certaine, ils croyaient à l'impunité pour leurs forfaits. Ces avances de pareils hommes n'ont pour objet que d'obtenir des renseignements, préparer une attaque ou faire des prisonniers. Les 56ᵉ et 59ᵉ bataillons de chasseurs, qui depuis une année entière veillent avec dévouement au poste d'honneur que la Patrie leur a confié à quelques mètres à peine de l'ennemi, ne voudront pas que la réputation glorieusement établie « des diables bleus » reçoive une atteinte fâcheuse à la suite d'une aventure ou d'une trahison allemande. Ils comprendront qu'il n'y a pas d'entente possible avec le Boche sur notre sol.

« Le lieutenant-colonel compte sur l'énergie des chefs de tous grades pour s'opposer résolument et par tous les moyens, à la reprise de pareilles relations, si anodines qu'elles paraissent. Les seuls échanges possibles avec les Allemands sont les coups de fusil.

« Cet ordre sera lu à trois relèves successives dans les compagnies au cantonnement.

« 5 septembre 1915 (anniversaire de la victoire de la Marne).

« Le Lieutenant-Colonel commandant
le Groupe de Chasseurs

« Driant. »

Ordre du jour daté du 27 septembre :

« Comme le 56ᵉ en avril dernier, le 59ᵉ bataillon quitte le groupe des chasseurs pour participer aux opérations décisives qui commencent sur tout le front.

« Le lieutenant-colonel commandant veut espérer que cette séparation ne sera que passagère et adresse au 59ᵉ bataillon, à ses officiers, sous-officiers, caporaux et chasseurs tous ses vœux de succès et de triomphal retour.

« Ce départ a lieu le jour où la France apprend le magnifique résultat du premier jour de l'offensive générale, l'enfoncement de la première ligne allemande sur un front de 25 kilomètres avec 20.000 prisonniers, et c'est sous ces auspices les plus réconfortants que le 59ᵉ quitte le secteur de Consenvoye.

« Que Dieu le garde, que la Victoire le ramène et qu'il ajoute aux lauriers des deux bataillons celui de la libération de notre sol. »

Lettre du 30 septembre écrite à sa fille dès la la première nouvelle de l'offensive dont il vient de parler :

« Quelle belle nuit, la nuit dernière si tu savais!! Nous venions d'apprendre la victoire de Champagne; il fallait le faire savoir aux Boches.

Je suis parti au bois à 11 heures quand la lutte d'artillerie d'ici eut pris fin et que la lune parut. Tous les chasseurs savaient déjà la nouvelle par le téléphone et à minuit ils s'étaient réunis dans leurs tranchées, quittant tous les travaux de sape que l'on ne peut faire que la nuit. Je fis lancer une fusée blanche de la tranchée centrale où j'étais et alors tous entonnèrent à pleine voix la *Marseillaise*. Dans la nuit calme, c'était saisissant et je me représentais dans toutes les tranchées environnantes les Boches écoutant. Puis dans les villages que nous occupons les cloches sonnèrent à toute volée! Enfin au point I où l'on n'est qu'à quinze mètres d'eux, un chasseur, quand les chants furent éteints, lut à très haute voix, en allemand le communiqué français donnant le détail de la victoire : après quoi on lâcha sur tous leur créneaux une bordée de coups de fusils auxquels ils ne répondirent point.

Je passai la nuit dans toutes nos tranchées, leur commentant le résultat. J'avais fini à 5 heures du matin, nous étions cinq dont l'abbé Dutot. Je lui suggérai de dire la messe à l'intention des actions de grâces à rendre, ce qui eut lieu dans le boyau où se trouve une petite chapelle creusée par nous et je rentrai à Samogneux à 7 heures où je dormis comme un plomb jusqu'à midi. Mais quelle joie partout !! »

21 octobre, à Madame Driant. — « On m'a chargé, outre le commandement des deux bataillons, de l'organisation des deuxième et troisième lignes devant la petite ville où nous avons combattu en octobre dernier. Est-ce curieux d'y revenir juste un an après ! En ce moment de beau temps, déjà très froid d'ailleurs, la nuit ces travaux vont bien, mais vienne la pluie, quelle boue gluante et combien les meilleurs retranchements s'effondrent !

« On m'a chargé, à la commission de l'armée, de plusieurs rapports : je n'ai pu les terminer à Paris quoique ayant travaillé deux jours entiers à l'un d'eux (sur les crapouillots et la médaille commémorative de la guerre pour les blessés). Je les ai apportés ici ; j'y travaille la nuit, car toute la journée je suis sur le terrain des travaux, ils n'avanceraient pas sans cela. »

Le 22 octobre 1915. — Driant donne à Madame Bergot des nouvelles de son mari, le colonel, qu'il a vu la veille à Verdun.

« Il n'a plus l'air soucieux que lui donnait son bois des Caures.

« Ah, je sais bien que je vais hériter de ce maudit bois, car l'on parle de notre relève là-bas et ma joie qui aurait été vive si votre mari y était resté est plutôt négative.

Le piétinement sur place est funeste aux troupes. Mes chasseurs se croyaient partis pour la Champagne. C'est au contraire un hiver monotone, un horizon trop connu qui les attend. »

11 novembre, à un ami (arrivée au bois des Caures). — « On vient de nous confier un nouveau bois : Terrain inconnu, Boches à bout portant comme dans l'autre, échange de coups de fusil et de canon toute la journée. J'ai trouvé pour moi dans un petit bois de sapin une cabane assez bien comprise et c'est là que je passerai l'hiver. Avec des livres, une plume, un appareil photographique on ne s'ennuie nulle part. J'ai comme compagnon, un chien, deux chats, six poules et un grand duc. Avec des souvenirs d'amis de temps en temps, pas trop d'enterrements de chasseurs et de meilleures nouvelles d'Orient, le temps passera. »

Optimiste dans l'ensemble, on le voit — et elle le sera jusqu'au bout — cette correspondance, pourvu que la femme et les enfants gardent leur beau moral et que les civils tiennent. Or il n'en doute pas. Mais pour voir et aussi pour montrer aux autres les choses en rose n'est-il pas bon, quand on le peut, d'aider le rose à s'y mettre ?

A la fin de 1915 le mobile qui lui dicta sa lettre à M. Deschanel lui fait surmonter une fois de plus sa répugnance pour un voyage à Paris, si bref qu'il soit.

Un de ses plus sûrs confidents nous écrit :

« Le colonel est venu dans les environs de Nancy, fin novembre ou commencement de décembre 1915, pour s'occuper de la couverture de Nancy et de Lunéville. Or, j'en suis sûr — il me l'a dit lui-même — nos défenses sur la Seille, depuis la forêt de Parroy jusqu'à Nomeny, étaient à ce moment à peu près dérisoires. Les différents corps de troupes qui s'y étaient succédé depuis septembre 1914 avaient simplement conservé les tranchées, très élémentaires, vous le savez, des défenseurs du Grand-Couronné et du début de la guerre. Avec le progrès des armements et la transformation des opérations, de rase campagne en guerre de siège, c'était tout à fait insuffisant. Un coup de main avec quelques divisions pouvait amener la prise de Nancy et de Lunéville (et de là l'enfoncement indirect de la trouée de Charmes, si vous voulez) en quelques heures. Driant et Louis Marin s'en préoccupaient beaucoup. Le premier vint sur les lieux et constata la dérision du système défensif. Il courut à la commission de l'armée, la mit au courant et obtint de Briand un commencement de satisfaction, dont M. Louis Marin exigea plus tard le complément. C'est à cette occasion que Driant reconnut et proclama que le concours du Parlement avait un bon côté dans cette guerre. Il observa d'ailleurs que, dans cette circonstance, il agissait comme député. S'il s'était agi de Verdun, où il était officier, il aurait signalé le défaut à ses chefs. »

Quelques jours après son retour de Paris se place cet ordre :

G. A. E. 5532

A AFFICHER
DANS TOUTES LES
TRANCHÉES

72e DIVISION
143e BRIGADE

GROUPE
DES CHASSEURS

Chasseurs ! lisez ceci : Les Gaz tuent plus que les balles et les obus !

SENTINELLES VEILLEZ ! QUAND

Le vent vient vers nous, doux et léger !
Quand le calme est complet chez l'ennemi, car il craint d'attirer notre feu !
Quand l'activité y est grande la nuit, car il installe ses générateurs !

SENTINELLES ALERTEZ ! QUAND

Des feux ou lueurs sont vus chez l'ennemi, car il cherche la direction du vent !
Quand un sifflement se fait entendre car le gaz commence à s'échapper !

ALERTE ! par trompe, sirène, klaxon, etc.
Paquets de fusées toutes couleurs, etc.

A CE MOMENT TOUS { sans exception, sans le moindre retard

Dissociez-les, Désagrégez-les !
par des pétards, tir de 58, bûchers, foin incendié, aspersion des tranchées
(appareil Vermorel)

ALERTE ! Vos lunettes ! et Votre tampon !
(ne jamais le mouiller)

DEVANT VOUS :

Les gaz arrivent et roulent en nappe lourde, jaunâtre, persistante.

Mitrailleurs ! du sang-froid et tirez dans les gaz ! le salut peut venir de vous

DERRIÈRE VOUS :

L'ennemi barre la route par des obus à gaz, formant nuage

Donc, le recul, la fuite, c'est
l'asphyxie, la mort,
le déshonneur, car vos tranchées sont à l'ennemi

CHASSEURS !

Un homme averti en vaut deux

— Le gaz est mortel, mais avec vos appareils bien ajustés vous n'avez rien à craindre.
— Portez-les constamment sur vous.
— Entraînez-vous à les ajuster, à les supporter, à respirer avec.
— Votre appareil est une arme défensive, c'est un bouclier !
Mais il faut apprendre à s'en servir !

En tout temps, pour abris, blockhaus, postes de commandement :
— Boucher les issues par doubles toiles hyposulfitées. Disposer appareils spéciaux pour service immédiat. — Prévoir éclairage dans atmosphère opaque.

Le Lieutenant-Colonel, commandant le groupe :
E. DRIANT.

23 décembre 1915, à un ami. — « Au seuil de l'année nouvelle, tous les vœux des Français ne peuvent aller qu'à la victoire, la victoire éclatante, indiscutée, après laquelle tout le pays se remettra au travail pour réparer ses ruines, sans pouvoir oublier ses deuils. »

22 décembre 1915, au Père de Nicolaÿ. — « Mon Révérend Père, je reçois votre adresse et j'espère arriver à temps pour vous exprimer tous mes vœux au seuil de l'année qui sera, je l'espère, celle de la Victoire.

De celle-ci je ne doute pas plus que le premier jour, mais on ne répare pas en quelques mois surtout une non préparation de quinze années. »

29 décembre, aux siens.. — « Un mot seulement au reçu de votre lettre. Je vois que vous y trouvez mes vœux « empreints de mélancolie » parce que « j'attends une année plus dure »

Je ne voudrais pas être mal interprété. « Année plus dure », oui certes, parce que je suis sûre de perdre beaucoup de monde et qu'en 1915 je n'ai perdu que 4 ou 500 hommes ; avec mille dans notre bataille de la Marne, en Argonne et en Woëvre, cela fait 1.500 depuis le début de la campagne et il y a des semaines ici où je n'en perds plus du tout.

Quand, au contraire, viendra le grand coup de collier de 1916, dans quelle fournaise faudra-t-il les plonger, les pauvres gens? Et je tiens tant à eux! Je leur suis si attaché!

Voilà pourquoi l'année sera dure, dure pour tous d'ailleurs, mais la victoire n'en est pas moins au bout ! »

Il envoie, à l'occasion du nouvel an, cet ordre :

« Le lieutenant-colonel commandant le groupe de chasseurs adresse au seuil de l'année nouvelle 1916, qui sera, nul n'en peut douter, l'année de la Victoire et de la Paix, tous ses souhaits d'heureux avenir aux officiers, sous-officiers, caporaux et chasseurs des 56e et 59e bataillons.

« Il les remercie des preuves de bravoure, de discipline et de résolution qu'ils lui ont données depuis dix-sept mois. Il est convaincu que rien chez eux ne faiblira, ni la foi dans le triomphe de la France, ni la volonté d'aller jusqu'au bout.

« Donnant un souvenir ému à ceux qui depuis dix-sept mois ont jalonné de leurs corps le chemin parcouru, confiant à la Providence la vie des autres, le lieutenant-colonel compte sur l'affection de tous les membres de la famille que forment les chasseurs des deux bataillons étroitement unis, en les priant, quoiqu'il arrive, de ne jamais douter de la sienne.

« Camp du Clairon Rolland, 31 décembre 1915.

« *Le Lieutenant-Colonel Commandant le Groupe,*

« DRIANT. »

1916

8 janvier 1916, à M. Richardot :

« Les lancements de flammes ! J'ai vu l'autre mois à Satory une expérience terrifiante : à 90 mètres, alors que les jets allemands n'en ont que 30, une trombe de fer s'abattit sur un tour de 150 mètres, lancée par six appareils Hersent. Placés à 100 mètres de flanc nous dûmes, le général directeur du génie et moi, nous enfuir sous le rayonnement dégagé. Donc on travaille. — J'ai quelques raisons de croire que ces appareils vont être mis en service et je plains, — ou plutôt je m'abstiens de plaindre — les bataillons qui tomberont dans cette fournaise.

En attendant ne pensons qu'à la victoire et vive la France! Je l'ai crié aux Boches la nuit de Noël. Un vieux cacochyme qui veillait là a toussé et m'a répondu par un grognement inintelligible, ponctué d'un coup de fusil. Mes chasseurs sont toujours magnifiques et montrent le plus beau moral. J'en suis très fier après dix-huit mois. »

12 janvier 1916. — « Les chasseurs suivent religieusement l'état d'avancement des travaux de leur monument au cimetière de Vacherauville. Il s'agrandit tous les jours, hélas, ce cimetière. Mais du moins les hommes voient que nous les ramenons du point où ils tombent, du fond du bois, de partout, au pied de la croix des Chasseurs. Ils sont heureux de penser qu'une statue, un vrai monument qu'on viendra voir de partout après la guerre, va s'y dresser à leur mémoire. Et moi-même plus tard, je serai content que mes enfants la viennent visiter. Si Dieu voulait que je tombe par ici, c'est là que je veux reposer. Tout cela fait que je soigne mon œuvre.

Je sais bien que c'est un peu une œuvre superflue et que j'aurais pu attendre après la guerre. Mais serai-je encore là? Voyez-vous, les combattants ont besoin d'idéal. Les honneurs rendus à leurs camarades morts les touchent infiniment. La pensée d'être déposés pieusement au pied de cette France à laquelle ils se sacrifient et d'être plus tard retrouvés par leur famille les réconforte et est douce à leur cœur.

Que deviendra notre pauvre monument, le jour de l'offensive allemande, si des projectiles s'égarent de son côté ? De pareilles attaques se font précéder de quarante-huit heures de bombardement et bien que Vacherauville soit à huit ou neuf kilomètres de leurs batteries, le cimetière pourra bien être atteint. J'ai dit à mon sculpteur de continuer paisiblement son travail et, quand les obus arriveraient, de gagner les abris avec ses camarades et de s'en remettre comme moi à la Providence du soin d'épargner notre « Patria ».

22 janvier, à un ami. — « Je reçois votre affectueuse lettre et j'y réponds par l'envoi de l'ordre inclus qui vous dira que j'ai d'autres chats à fouetter que .... Mais attendons ce cyclone pour dans quinze jours ou trois semaines, car une attaque de ce genre ne se prépare pas en vingt-quatre heures. Vous mettrez ce papier dans vos souvenirs de guerre, si par hasard j'y restais. Mais j'ai une telle chance jusqu'à présent !... Enfin si c'est l'heure on répondra : Présent ! comme tant d'autres. »

23 janvier 1916, à Madame Driant. — « Me voici de retour dans mes bois et je t'assure que j'en suis tout content surtout en voyant comment les chasseurs m'attendaient.

Je suis revenu content aussi parce que j'ai reçu

une lettre du Ministre me disant que lui et Joffre adhéraient à la création de la médaille de la valeur militaire. Le rapport que tu as dû recevoir a été approuvé en entier à l'unanimité par la Commission de l'armée. Je reçois de toutes parts des lettres me disant combien cet insigne sera apprécié. Il y a séance jeudi prochain et Bonnefous y déposera mon rapport qui le lendemain paraîtra dans l'*Echo de Paris*. La loi sera discutée à la séance suivante qui sera fixée par la Chambre, sans doute trois semaines après et pour cette dernière seule je reviendrai probablement le 20 février. Il est certain, d'après le vote de la Commission de l'Armée, que la Chambre adoptera à l'unanimité.

Je t'envoie un document à garder. La nuit dernière il a été porté sur les réseaux dans des bouteilles. Il s'agit de déterminer des désertions allemandes. Nous sommes ici en alerte continuelle parce qu'il y a de grosses forces autour de nous. L'autre nuit ils ont donné l'assaut près des Eparges avec une division massée comme sur l'Yser, et ils n'ont crevé que la première ligne !!! »

10 février 1916, à une amie. — « Il me semble qu'il y a une éternité que je vous ai écrit, fort absorbé par tous ces préparatifs qui se passent chez nos affreux voisins, et qui sont l'indice de l'attaque que je prévoyais dans l'ordre du jour du mois de janvier. Cette préparation est longue et je crois qu'avant qu'ils aient rassemblé projectiles et corps d'armée, il se passera encore une ou deux semaines. Un Lorrain déserteur nous disait hier que le Kronprinz venait souvent à Romagne qui est en face de nous, assister aux débarquements de munitions et leur avait dit : « Il faut absolument prendre Verdun. L'Empereur viendra vous passer en revue sur l'esplanade de la ville et la paix sera conclue de suite. » — Faut-il « qu'ils en aient une couche ! » — (pour employer l'expression populaire) pour croire encore, après dix-huit mois, à de pareilles affirmations ! Ils vont être fort mal reçus, mais que restera-t-il de mes deux pauvres bataillons quand le cyclone aura passé ?

Ne pensons pas à cela ! Le résultat est tout. Il ne faut pas que Verdun succombe !

Merci de me dire l'affection que ce brave M. éprouve pour moi. C'est tout ce que je désire le plus. Le soldat ne suit que le chef qu'il aime. Dans le danger il n'y a plus de sanction : il n'y a que la confiance ou la peur. Et je compte bien que le jour venu, ils feront honneur à leurs marraines, car vous et vos filles êtes bien les marraines bienfaisantes de ces deux bataillons. »

72ᵉ Division
143ᵉ Brigade
Groupe de Chasseurs
Nᵒ......
Objet :......

Secteur postal... le 18/2 1916

Le lieutenant-colonel Driant commandant le groupe des 56ᵉ et 59ᵉ bataillons de chasseurs à pied à... M. le Général commandant la 72ᵉ division.

Mon Général,

Ce n'est pas à mon chef hiérarchique que je me permets de m'adresser aujourd'hui, sans quoi je serais passé par l'échelon voulu. Je vous demande simplement la permission de vous soumettre, en m'adressant à votre bienveillance, la considération que voici.

Je ne discute pas les nouveaux ordres nous disposant en profondeur et faisant bon marché des premières lignes. Mais pourquoi considérer à l'avance ces dernières comme perdues d'avance, alors que c'est à elles que nous avons donné tous nos soins et que, depuis des mois et des mois, nos hommes ont cette devise en tête : « On tient et on meurt derrière son créneau ? »

Je comprends à merveille qu'on ne les garnisse pas davantage ; nous savons tous qu'il y aura des sacrifiés : mais qu'on mette mon deuxième bataillon par exemple si loin (1) qu'il n'arrivera plus au secours du premier, mais que, la contre-attaque si recommandée cependant, on ne prévoie pas l'envoi d'une compagnie au moins de ce bataillon à Joli-Cœur où je fais faire un abri à l'épreuve, c'est là que je ne comprends plus. Le bois des Caures devait se défendre : livré à lui-même, il sera pris.

Mais SURTOUT, pourquoi enlever les deux batteries de 75 du bois d'Haumont qui font si belle besogne depuis qu'elles sont là, qui n'ont jamais été repérées et *qui surtout donnent une confiance extrême* aux occupants de toute la ligne de 17 à 9 ? Il y a quatre ou cinq jours, à la suite d'un merveilleux barrage fait par elles devant nos lignes, les chasseurs disaient : « Jamais une tête de Boche ne se montrera là devant. » *De les savoir retirées, nos hommes regardent avec inquiétude derrière eux.* Et

---

(1) A Mormont.

cette question du moral a, à mes yeux, plus d'importance que les conceptions les mieux calculées.

Veuillez agréer, mon Général, l'expression de tout mon dévouement.

DRIANT.

Lettre du 20 février 1916, à Madame Driant. — « Je ne t'écris que quelques lignes hâtives, car je monte là-haut encourager tout mon monde, voir les derniers préparatifs ; l'ordre du général Bapst que je t'envoie, la visite de Joffre hier prouvent que l'heure est proche et au fond j'éprouve une satisfaction à voir que je ne me suis pas trompé en annonçant il y a un mois ce qui arrive, par l'ordre du bataillon que je t'ai envoyé.

A la grâce de Dieu! Vois-tu je ferai de mon mieux et je me sens très calme. J'ai toujours eu une telle chance que j'y crois encore pour cette fois.

Leur assaut peut avoir lieu cette nuit comme il peut encore reculer de plusieurs jours. Mais il est certain. Notre bois aura ses premières tranchées prises dès les premières minutes, car ils y emploieront flammes et gaz. Nous le savons par un prisonnier de ce matin. Mes pauvres bataillons si épargnés jusqu'ici! Enfin eux aussi ont eu de la chance jusqu'à présent... Qui sait! Mais comme on se sent peu de chose à ces heures-là! »

20 février 1916, à un ami. — « Ce soir je passe en revue tous ceux et toutes celles à qui je veux envoyer ma pensée avant l'assaut. Je parle de l'assaut ennemi que nous attendons de jour en jour et qui est certain maintenant, car le général J... est venu nous l'annoncer hier et nous dire qu'il comptait

sur nous. Il peut y compter. Et le Kronprinz qui a annoncé à ses quatre corps d'armée la prise de Verdun terminant la guerre, va savoir ce qu'il en coûte pour ne pas le prendre. J'éprouve une certaine satisfaction à l'avoir annoncé d'avance cet assaut. Il vous souvient sans doute de l'ordre du groupe de chasseurs qui a dû vous être envoyé. Quand il a paru quelques-uns hochaient la tête. Certains indices ne m'avaient pas trompé.

Prévoir « la guerre de demain » n'était pas difficile : elle devait venir. Prédire cette ruée sur Verdun, nécessitée par le besoin d'avoir un succès à annoncer au Reichstag avant le vote du nouvel emprunt, était plus risqué. Nous allons l'avoir.

Beaucoup des chasseurs que vous avez gâtés ne seront plus là d'ici huit ou quinze jours, et c'est ce qui m'attriste en pensant à demain. Les avoir épargnés depuis dix-huit mois comme j'ai eu la chance de le faire et les voir fondre dans la fournaise où ils vont tomber! Enfin, c'est la guerre... Quant à moi j'ai toujours eu une chance telle qu'elle ne m'abandonnera pas et j'espère vous écrire quand nous aurons franchi le dur passage. »

CHAPITRE XIII

Le bois des Caures. — Les journées des 21 et 22 février. — Le bois est tourné ; on bat en retraite. — La mort de Driant. — L'incertitude sur son sort. — La lettre de la baronne Schroter. — Eloges funèbres. — Les hommages. — Les fanfares des 56e et 59e bataillons. — Le monument de Vacherauville.

C'est à deux sources également sûres que nous avons emprunté les éléments du récit qui va suivre. Un article très documenté de Maurice Barrès, ami le plus cher du colonel, paru dans l'*Echo de Paris*, une relation du Père de Martimprey, dernier confident de Driant, nous permettront de suivre presque pas à pas le colonel dans les tragiques journées des 21 et 22 février 1916.

Si M. Barrès ne fut pas le témoin oculaire des derniers instants de Driant, l'enquête à laquelle il s'est livré auprès des survivants de l'épopée du bois des Caures, nous autorise à donner toute notre confiance au magnifique récit qu'il en a fait. Cela d'autant mieux que les notes du Père de Martimprey qui, lui, n'a presque pas quitté son colonel au cours de ces heures grandioses, en confirment, point par point, la minutieuse exactitude.

Comme on le sait, les deux bataillons de chasseurs à pied, 56 et 59ᵉ, que commandait Driant depuis le début de la guerre, constituaient l'un des chaînons de la défense de Verdun. Ils occupaient le bois des Caures, au nord de la cité meusienne.

Au matin du 21 février, le colonel remit son alliance à son secrétaire en lui disant avec le plus grand calme : « Si je suis tué, vous irez la rapporter à Madame Driant (1) », puis montant à cheval plus tôt que d'habitude, un peu avant six heures, et désireux de voir le commandant Rénouard, se rendit au bois des Caures. Il arriva juste pour le début du bombardement. Bombardement très dense et général sur toutes les positions. On comprit de suite que c'était l'attaque qui commençait.

Régulièrement, le poste de Driant aurait été en deuxième ligne, à cette ferme de Mormont qu'il venait de quitter. Il ne songea pas un instant à y retourner. « S'il y a une attaque, avait-il toujours dit, je ne resterai pas à Mormont, je partirai avec le bataillon de renfort. Qu'est-ce que j'y ferais, une fois mes deux bataillons engagés ? » Il se rendit sous l'abri du commandant des avant-postes, le commandant Renouard. L'ouragan de mitraille était formidable sur le bois des Caures et sur les positions voisines. Toutes les communications étaient coupées ; les chasseurs isolés par des barrages fantastiques. Les 210, les 305 et les 380 ravageaient le bois, jetaient à terre les chênes, d'instant

---

(1) Ce vœu a été exaucé.

à instant, écrasaient ou même enflammaient des abris.

Driant restera deux jours dans le bois ; il n'en sortira que pour se faire tuer.

Vers 10 heures, ce premier jour, le colonel appelle au téléphone le Père de Martimprey, recteur de l'université de Beyrouth, revenu en France dès la mobilisation. Désireux de quitter l'hôpital de Toul pour aller sur le front, il s'était présenté à Driant, qui fit de lui un brancardier-aumônier.

« C'est une fameuse séance, dit le colonel au Père, en plaisantant à travers le fil, que les Allemands nous donnent aujourd'hui. Mes blessés vous attendent avec votre infirmier au poste de commandement. »

Le Père et son aide arrivent sains et saufs jusqu'à l'abri bétonné et au compartiment où ils trouvent le colonel et le commandant Renouard s'entretenant anxieux du sort des différentes compagnies préposées à la défense du bois et dont on n'a encore aucune nouvelle.

Le colonel apercevant le Père vient à lui « toujours affable et souriant », désigne à l'infirmier des blessés couchés dans la salle contiguë. Les obus font rage. Il est midi. On ne songe pas à manger. Le Père passe dans la seconde partie de la chambre principale où sont massés un certain nombre d'hommes et d'officiers, auprès desquels le colonel et lui se prodiguent.

« Quelques officiers, écrit ce dernier, me prennent alors à part et me prient de les absoudre. Le colonel veut, lui aussi, être mis en règle avec le bon Dieu. Nous nous retirons tous deux dans l'embrasure d'une porte ouverte à l'arrière ; mais une pierre projetée par l'éclatement d'un obus et ricochant jusque sur nous, nous avertit que l'endroit n'est pas de toute sécurité et c'est dans l'intérieur de l'abri que je donne au cher colonel sa dernière absolution... Un autre éclatement formidable! Cette fois-ci nous sommes touchés. Un obus vient d'enfoncer les parois de la chambre à l'extrémité gauche où se trouve le bureau du commandant. C'est un brouhaha indescriptible. Il faut faire ranger les soldats qui obstruent le passage en se massant pour voir ce qui est arrivé. Le colonel Driant et les médecins parviennent les premiers à s'ouvrir un chemin. Des plaintes sortent d'un amas informe de tables, de planches brisées et broyées sous la poussée d'un gros bloc de béton et de plaques de ciment armé. On retire avec peine le jeune et dévoué sous-lieutenant Petitcollot, secrétaire du colonel. Sans y être obligé par son service, ce jeune officier, ingénieur des mines et Lorrain d'origine, avait absolument tenu à rejoindre son chef au bois des Caures. Il paraît avoir les reins brisés par une des masses tombées sur lui. » Il ne tarda d'ailleurs pas à mourir.

Driant, très affecté de cette perte, n'eut guère le temps de s'attarder dans sa douleur. De minute en minute le bombardement s'intensifiait; bientôt le poste le plus résistant s'écrasa; quatorze chasseurs et un officier furent ensevelis.

A 4 heures on grignotte quelques petits biscuits de troupe en regardant tomber les obus.

A 5 heures, les Allemands allongent leur tir; il y a un ralentissement très léger et dans le même moment quelques hommes accourent des grand'gardes en criant: « Voilà les Boches! »

C'est le moment de l'attaque.

« Tout le monde aux armes et aux tranchées de tir », crie le colonel Driant bondissant hors de l'abri. Et lui-même donnant l'exemple, un fusil à la main, dispose son monde. Comme il n'a plus assez d'hommes devant l'inconnu qui s'avance, il envoie chercher le renfort, c'est-à-dire le 56°, à la ferme de Mormont, et lui-même, sous le bombardement, il parcourt les tranchées bouleversées où sont ses chasseurs : « Eh bien ! mes enfants, ça va ? Du cœur à l'ouvrage, hein ! On est ici, c'est notre place, on n'en bouge pas ». Et montrant les cadavres de ceux que le bombardement avait atteints : « Et puis, quoi ? est-ce donc si difficile de faire comme ceux-là ? Ensemble et comme eux, on ira jusqu'au bout.

Il est magnifique d'entrain et de crânerie (1).

Le clairon résonne maintenant sous le reste des hautes futaies et ceux des chasseurs qui tout d'abord n'ont pas entendu la voix de leur chef sortent de leurs abris et viennent autour du réduit central.

Driant donne alors l'ordre au lieutenant Rollin de reprendre par une contre-attaque les grand'gardes où l'ennemi vient de prendre pied, c'est-à-dire la lisière nord-ouest du bois des Caures.

Le lieutenant Rollin, à coups de grenades, expulse les Allemands de deux tranchées, échoue sur la troisième, mais, vers six heures, le renfort commence d'arriver, en ordre dispersé (pour éviter les grosses pertes) et s'infiltrant malgré le tir de barrage. Driant envoie ses hommes soutenir le lieu-

---

(1) Maurice Barrès, *Echo de Paris*.

tenant Rollin, et l'on peut espérer qu'en dépit de la furieuse attaque d'artillerie tout le bois sera derechef en notre possession à l'aurore.

Vers huit heures, le Père de Martimprey va au poste de commandement pour se renseigner et savoir s'il reste encore des hommes à transporter. Il y trouve le colonel Driant en pourparlers avec le commandant Renouard.

« Il vient à moi, écrit-il, demande des détails sur les blessés, sur leur évacuation pour laquelle il a fait porter des ordres par un exprès. Puis du fond du cœur : « Que je vous remercie de ce que vous avez fait pour moi, mon Père! On se sent plus fort et plus courageux avec cela ». Et quand j'allai prendre congé de lui : « Et vous, mon Père, soyez prudent. Ne vous exposez pas inutilement. » Il prêchait la prudence aux autres, mais il ne la pratiquait pas pour lui-même. »

A onze heures du soir, le colonel toujours infatigable parcourt le bois d'un bout à l'autre et visite ses différents postes. C'est avec joie qu'il constate que dans deux de ses grand'gardes, les chasseurs ont pu par une contre-attaque, reprendre aux Allemands la plupart des tranchées que ceux-ci leur avaient enlevées à la faveur du bombardement. « Mais, dit-il au Père de Martimprey qu'il rencontre quelques instants après, demain matin, si nous ne sommes pas secourus, elles seront reprises. Tout est bouleversé, nous ne pourrons pas tenir. »

C'est sous le coup de cette préoccupation qu'il retourne au poste de commandement. Il écrit et fait porter au général... un mot dont voici à peu près le texte : « Nous tiendrons contre les Boches, quoique leur bombardement soit infernal ».

Au petit jour, le feu croît en intensité ; on tient tout de même. Le lieutenant Rollin et ses chasseurs attaquent la seule des tranchées perdues la veille qui restait aux Allemands, mais ceux-ci avaient pu y installer des mitrailleuses. Les chasseurs, bien que leur élan fût brisé, se maintinrent dans leur gain de la veille. Ils ne furent pas délogés, et seulement coupés de toutes communications. Quinze chasseurs que le lieutenant Rollin envoya à Driant en arrière, furent, l'un après l'autre, tous tués en route.

A midi « *tout un corps d'armée allemand* » (dit la *Gazette de Francfort*) s'élance contre deux bataillons de chasseurs exténués de fatigue et de privations, et bien diminués, hélas ! Le colonel revient à la position R2 comme la veille, suivi du commandant Renouard qui, la canne à la main gauche, et ses grenades dans la poche droite, exhorte un à un ses chasseurs (1).

Pendant deux heures, les Allemands sont tenus en échec. C'est bien après, que les chasseurs, le bois, tout est débordé par des compagnies entières qui essuient un feu terrible de notre part.

Il reste quelques chasseurs du 59e, un peu plus du 56e : « Que faut-il faire ? Les munitions sont toutes épuisées : les caissons de ravitaillement ont sauté dans le ravin de Louvemont ». A la suite d'un conseil suprême des trois chefs, le colonel écrit ce dernier billet au colonel Vaulet, commandant la brigade : « Nous sommes débordés par des

---

(1) Maurice Barrès, *Echo de Paris*.

forces supérieures. J'engage mes dernières réserves. Envoyez des renforts. Je défendrai jusqu'au bout la ligne des R. »

Dès une heure de l'après-midi, les Allemands ont déclenché un tir formidable d'artillerie. C'est une masse d'obus qui progresse en écrasant tout. Derrière cette meule leurs fantassins s'avancent, et de si près, que plusieurs durent être atteints par leurs marmites. Cette manœuvre leur permet de déboucher brusquement et de se jeter sur ce qui subsiste de nos tranchées. Driant commande au lieutenant Umdenstock d'exécuter une contre-attaque à la baïonnette. Cet officier, en recevant l'ordre tenait sa main sanglante derrière son dos ; il venait d'avoir un doigt enlevé et craignait que son chef, le voyant blessé, ne lui retirât cette mission. Enveloppant son moignon dans son mouchoir, il marche à l'assaut au milieu des cris de ses hommes : « En avant ! A bas les Boches ! » Une balle le jette à terre ; le lieutenant Debeugny le remplace, et tombe la gorge traversée. L'ennemi s'arrête.

Il s'arrête de face, mais continue son mouvement de conversion. Il vient faire la pince derrière le bois des Caures et même sous bois, par Haumont et Ville. « Les balles sifflaient dans les branches, dit un témoin, les mitrailleuses crépitaient et des rafales de mitrailles s'abattaient dans les taillis. Nos tirailleurs n'avaient plus pour abri que des pareballes faits de pierres entassées à la hâte et des trous d'obus ». A trois heures, le colonel s'aperçut que ses hommes recevaient des coups de fusil dans le dos. Le bois des Caures était en partie tourné. De plus, les munitions manquaient.

Il rassemble ses officiers, tous ces hommes

admirables, le commandant Renouard, le capitaine Vincent, le capitaine Hamel. « La gravité de son énergique visage me frappa », a dit plus tard le capitaine Hamel. Il expose en quelques mots que chacun a fait son devoir honorablement jusqu'au bout et que rien ne peut plus arrêter l'ennemi (1) :

« Mes bons amis, dit-il, encore quelques moments, il faudra mourir ou nous serons prisonniers.

— Mais, dit le capitaine Hamel, pourquoi ne pas essayer de mener hors du bois quelques-uns de ces braves gens ? Ce seront autant de combattants pour demain. »

Le colonel Driant consulte du regard ses deux chefs de bataillon.

« C'est dur, je préfèrerais mourir », dit le capitaine Vincent.

Des larmes coulaient sur ses joues et tous les chasseurs présents pleuraient.

Le commandant Renouard approuva l'opinion du capitaine Hamel. Tous étaient d'accord. Le commandant Renouard s'assura qu'il ne restait plus rien dans l'abri dont l'ennemi pût tirer parti, et l'ordre fut donné de battre en retraite sur le village de Beaumont.

On constitue en quatre colonnes ce qui reste des bataillons. A la tête de chacune d'elles se mettent le colonel Driant, le commandant Renouard, le capitaine Vincent et le capitaine Hamel. La colonne que commande ce dernier parviendra seule à s'échapper presque intacte.

Driant va essayer de franchir la croupe en arrière du bois de Ville. A la lisière, il s'est arrêté. Il fait

(1) Maurice Barrès, *Echo de Paris*.

passer toute sa colonne devant lui pour s'assurer qu'il n'y a pas de traînards et à la manière d'un capitaine qui quitte son vaisseau le dernier. Il avait sa canne à la main. Dès que les chasseurs débouchent, ils sont mitraillés.

Les coups partaient de Joli-Cœur, des abris en mine que Driant lui-même avait creusés dans le plateau pour y abriter ses réserves et que les Allemands venaient de saisir.

La colonne qui s'avançait par paquets se sépare, s'émiette encore; ce n'est plus une troupe en marche, ce sont de petits éléments qui essayent de s'infiltrer, en laissant à chaque bond des morts sur le terrain. La progression se faisait de trou d'obus en trou d'obus. Pour donner une idée du terrain, disons que sur un point voisin, le capitaine Berweiler dans son mouvement de repli, occupa un cratère d'obus avec 70 de ses hommes.

Au moment de sauter dans un trou d'obus, Driant fut touché à la tempe, fit un quart de tour sur lui-même en disant: « Oh! là, mon Dieu! » et s'abattit face à l'ennemi. « Le colonel n'a pas dû bien s'y prendre, me dit un chasseur. Il n'était pas fort pour se cacher. »

C'est la déposition du sergent Paul Coisne, du 56ᵉ. Elle est, mot pour mot confirmée par le sergent Jules Hacquin du 59ᵉ, qui dit: « Me trouvant dans un trou d'obus, j'entendis le cri: « Oh! là, mon Dieu! » Je sortis la tête pour me rendre compte et j'aperçus le colonel Driant au moment où il s'abattait face à l'ennemi, aux abords du trou ».

Dans cette extrémité, le colonel Driant ne fut pas abandonné de ses hommes. Coisne sauta auprès de

Hasquin et les deux sergents s'occupèrent à dégager les abords du trou de manière à tirer auprès d'eux le colonel qu'ils espéraient n'être que blessé, mais ils aperçurent qu'il avait le hoquet et que le sang lui sortait de la bouche. Deux, trois minutes après, les Allemands arrivaient et saisissaient les deux sergents. Le colonel ne paraissait plus donner signe de vie. Pourtant les deux prisonniers voulaient le prendre sur leurs épaules. Les Allemands s'y opposèrent.

Il était quatre ou cinq heures de l'après-midi. Le député de Nancy, demeura allongé sur la terre lorraine, baignée de son sang.

Cependant des chasseurs de sa colonne rejoignaient un groupe du 59e qui les précédait de trente mètres et criaient que le colonel venait d'être touché. Ils poursuivirent leur marche. Un instant après le commandant Renouard fut tué. L'ennemi talonnait de si près nos hommes, que ceux-ci purent voir le lieutenant Crampel, fait prisonnier, leur adresser des gestes désespérés d'adieu. Le capitaine Hamel, jeune officier de vingt-huit ans, seul survivant de ces nobles chefs, commandait maintenant les deux bataillons. Il rentra à Beaumont avec sa colonne, dernier reste de ces héros.

⁎

Paris ne fut pas immédiatement fixé sur le sort du colonel Driant. Si le bruit de sa mort circula dès le 24 ou le 25 février, nombreux furent ceux qui n'y voulurent pas croire. On n'avait pas retrouvé son cadavre; on continua d'espérer. Quelques amis hochaient seuls la tête avec tristesse : « Jamais il n'aura rendu son épée. » Dans son foyer, sa femme, ses enfants attendaient anxieusement des nouvelles ; celles-ci arrivaient, contradictoires d'abord, puis de moins en moins rassurantes. Enfin une note officieuse émanant de la Chambre des Députés vint établir la douloureuse vérité. Sous le titre : « Le lieutenant-colonel Driant mort au champ d'honneur », elle disait : « Les derniers renseignements parvenus ne laissent plus aucun doute. Ainsi qu'il avait été dit « le vaillant soldat, député de Meurthe-et-Moselle, est mort au champ d'honneur, dans les affaires du bois des Caures, au début de la bataille de Verdun. »

A la lecture de ce communiqué, il y eut dans la France une palpitation de douleur. Même sous l'angoisse déjà si terrible étreignant nos cœurs depuis les premières heures de la formidable offensive allemande, pour la première fois la mort d'un simple colonel fut un événement. D'autres vaillants, d'un grade supérieur au sien, étaient tombés, mais lui était si connu, si populaire ! Combien s'obstinèrent encore dans l'espoir qu'il n'était que prisonnier. Madame Driant reçut plus de quatre mille lettres de condoléances.

Une lettre de la baronne Schrotter à Madame Driant vint clore définitivement, comme a écrit Maurice Barrès, la vie du grand Français.

A Madame Driant, née Boulanger,
Chasseurs à pied 57/59 — France.
16 mars 1916, Wiesbaden.

« Madame,

Mon fils, lieutenant d'artillerie qui a combattu vis-à-vis de Monsieur votre mari, me dit de vous écrire et de vous assurer que Monsieur Driant a été enterré avec tout respect, tous soins, et que ses camarades ennemis lui ont creusé et orné un beau tombeau. Je me hâte de joindre l'assurance de ma profonde condoléance à celle de mon fils. Mon fils vous fait dire qu'on a trouvé chez Monsieur Driant un médaillon de trois petits cœurs qu'il portait au cou. On le tient à votre disposition. Si vous voulez je pourrais vous le faire parvenir par Madame la baronne de Glütz-Ruchte à Soleure, qui va avoir la bonté de vous envoyer ces lignes. Sur l'une des pièces de la chaîne est inscrit sur un fond d'or (la médaille est de l'or) : « Souvenir de première communion de Marie-Térèse. »

Monsieur Driant a été enterré tout près du commandant Etienne Renouard du même bataillon 57/59 chasseurs à pied, à la lisière de la forêt de Caures, entre Beaumont et Flabas.

On va soigner le tombeau de sorte que vous le trouverez aux jours de paix.

Acceptez, Madame, l'assurance de ma considération distinguée.

Baronne SCHROTTER. »

Dès les premières nouvelles annonçant la disparition de Driant, le roi d'Espagne avait chargé son ambassadeur à Berlin de demander des renseignements. Il lui fut répondu que la tombe du glorieux soldat avait été trouvée près de Beaumont, à côté de celle du commandant Renouard, du 59ᵉ chasseurs, et de sept hommes.

Le roi d'Espagne communiqua cette réponse à M. William Martin, directeur du protocole, par le télégramme ci-dessous :

« Madrid, 3 avril, 15 h. 10.

« On mande de Berlin, que pas loin de Beaumont et de Caures, on a trouvé sépulture colonel Driant, à côté de celle commandant 59e chasseurs et de sept hommes. Amitiés.

« ALFONSO, R.

Ce télégramme fut transmis à Mme Driant par le Président de la République, dans la lettre suivante :

« 13 avril 1916. »

« Madame,

J'ai le profond regret de vous transmettre un télégramme que le roi d'Espagne vient d'envoyer au chef du protocole, et qui paraît malheureusement nous enlever désormais tout espoir. Je m'étais refusé jusqu'ici à admettre la douloureuse vérité, et je n'avais pas voulu vous importuner d'une démarche indiscrète. Mais en présence de ce nouveau renseignement, qui ne semble que trop certain, je tiens à vous exprimer, Madame, en même temps que ma très vive admiration pour la noble et glorieuse conduite du colonel Driant, ma très respectueuse sympathie dans le deuil qui vous atteint.

Raymond POINCARÉ. »

***

Les adieux au député de Nancy eurent pour porte-parole à la Chambre son président. M. Paul

Deschanel, au milieu du silence ému de ses collègues, dressés debout, s'exprima en ces termes :

« Mes chers collègues,

Nous devons renoncer à nos espoirs : il ne paraît plus douteux que Driant a été tué.

Une famille en pleurs cherche au loin la chère image de l'époux, du père disparu.

Nous le pleurons avec elle.

Mais lui, voudrait-il être plaint ? Voudrait-il être pleuré ?

Non : il n'avait vécu que pour cette heure suprême. Toutes ses pensées, toutes ses passions, toutes ses généreuses colères, — que sa mort explique et ennoblit,.. n'avaient qu'un objet : la grandeur de la France, la réparation de ses revers.

Vivre d'une vie collective, supérieure à la vie individuelle, s'absorber tout entier dans un idéal sacré : le triomphe de la justice par le relèvement de la patrie, et mourir pour l'idéal dont on a vécu, quel destin plus digne de tenter un grand cœur ?

Mourir pour sa patrie ; et pour quelle patrie, et dans quel moment ! Dans le moment que la France répare, au prix de son sang, les plus exécrables forfaits, contre le droit, contre la foi jurée, contre l'humanité.

C'est pour cela, — patrie, honneur, justice, — que Driant est mort, au milieu des héros immortels de Verdun.

Jamais causes plus saintes ne valurent plus magnifiques trépas.

Puissent de tels holocaustes brûler les débris impurs de nos haines ! Puisse la mort éclairer la vie !

Cher et noble soldat, la France couvre de ses couleurs ta dépouille glorieuse. Tes petits chasseurs, que tu aimais tant, continueront d'entendre ta voix paternelle ; ils porteront en leurs âmes ta vaillance. Par eux tu seras vengé ! »

Un tonnerre d'applaudissements salua cet hommage. L'acclamation de la France entière fit écho ce jour-là à la représentation nationale.

CHAPITRE XIV

Ce que ses hommes ont pensé de lui. — La citation décernée à « la muraille de Verdun ». — Les hommages religieux. — La fanfare de Driant. — Le monument de Vacherauville.

Ceux du front venaient de perdre celui qu'ils appelaient le « Père » (1). Les chasseurs survivants des 56e et 59e bataillons disaient naïvement : « Un homme comme celui-là ne devrait pas mourir. Si bon ! Si bon ! » ajoutaient-ils.

C'est de lui aussi qu'on parlera longtemps sous le chaume. Les souvenirs afflueront sur les livres des poilus de retour au foyer. Ceci sera redit :

« Il s'occupait du bien-être de ses hommes : il n'en rencontrait pas un sans l'arrêter : « Eh bien ! chasseur, est-ce que cela va ? » Si vous aviez demandé aux chasseurs ce qu'ils pensaient de leur colonel : « C'est un chic type », auraient-ils tous répondu. »

Et ceci :

« Pour nous le colonel n'était autre que le « Père

(1) Maurice Barrès, *Echo de Paris*.

Driant ». Il était si paternel et si plein de bienveillante attention !... Pas un qui n'osait l'aborder pour lui demander ce dont il avait besoin ; il savait que ses enfants étaient des gars du Nord et de l'Aisne, de ces régions envahies qui souffrent sous la botte de l'oppresseur, et il les avait mis à l'aise en leur disant : « Demandez et vous recevrez ». Aussi pas besoin d'intermédiaire : on frappait à la porte de sa modeste cagna et avec affection on recevait de lui ce qu'on lui demandait : chaussettes, caleçons, chemises, pipes, tabac. Que n'aurait-il pas fait pour ses chasseurs! »

Et ceci :

« Il allait aux avant-postes très souvent et à toute heure, et il faisait porter derrière lui des musettes pleines de tabac, de chocolat. Il disait aux sentinelles quelques mots, puis se tournant vers celui qui l'accompagnait : « Donnez-lui du tabac. »

« J'ai été dix-sept mois avec lui, rapporte un soldat. Quand une balle vous passe tout près, instinctivement vous rentrez la tête dans les épaules. Eh bien! le colonel ne connaissait pas ce mouvement là » (1).

« Sa franchise allait jusqu'à la témérité », rappelle un autre chasseur. *Sa franchise*, aimez-vous ce mot fier et limpide pour dire le courage? Et le chasseur ajoute : « Personne ne peut contredire cela : le colonel Driant n'avait jamais peur. Il recherchait les coins un petit peu dangereux où les balles venaient de temps en temps. Mon colonel, lui disait-on, ne vous mettez pas à cet endroit; les Boches y tirent depuis le matin. Cela l'amusait ; il

---

(1) Maurice Barrès, *Echo de Paris*.

y allait et disait : Vous savez bien qu'ils ne tirent jamais sur moi. »

M. Barrès cite l'extrait d'une lettre d'un chasseur prisonnier qui montre quel culte Driant inspirait à ses chasseurs et aussi quels soldats splendides il avait là...

Ce correspondant tombé criblé de blessures et ramassé par les Allemands écrit :

« Vous ne pouvez croire, combien ma situation actuelle me peine, me met en rage. Me voir jusqu'à la fin de la guerre condamné à user mes forces dans un lit ou au service des Allemands, ne plus pouvoir rien faire pour ma chère France ! Ah ! si je pouvais tout de suite être transporté dans le tourbillon de la bataille à Verdun, si je pouvais à nouveau verser mon sang pour la France, quel bonheur pour moi ! Notre cher et bon colonel a eu lui au moins cette mort rêvée ! Quelle belle mort, mais quelle perte pour la France. Cette mort a été depuis ma captivité ma plus grande peine, car il était nécessaire à la France... Et combien je l'aimais ! »

Inutile de dire que tous les troupiers ayant servi sous ses ordres, soit rentrés dans la vie civile, soit encore sous les drapeaux, s'associèrent à l'affliction générale. Comment Driant aurait-il été oublié du 4e zouaves de Tunis, du 1er chasseurs de Troyes ! Quant à ceux du bois des Caures une sorte de plébiscite par acclamations des gradés et des soldats des deux bataillons demanda et obtint que jusqu'à la fin de la guerre, ils se nommassent les « chasseurs de Driant. »

Dans la nuit qui suivit la disparition de leur chef,

les chasseurs, retirés tout sanglants du combat, durent demeurer en plein air, sans vivres, sans abris. C'est la guerre, et sans doute leur chef aimé n'aurait pu y remédier, mais tous disaient, avec la foi des enfants privés de leur père : « On voit bien déjà que le colonel n'est plus là. »

« Voilà des éléments certains, dit éloquemment M. Barrès, pour qu'on apprécie dans tout l'univers l'état d'esprit sérieux, la haute vie spirituelle de nos armées, aussi éloignées de la brutalité que de la faiblesse et du gémissement. Il y a, chez un chef comme Driant entouré de ses soldats, de la richesse et de la profondeur, un accroissement de vie, quelque chose de grave et de tendre, qui émeut chez tout homme réfléchi les sentiments les plus solennels. »

Enfin quelle parure pour cette mémoire que le dernier hommage englobant les glorieux morts et les glorieux survivants, avec le chef, des bataillons, surnommés « la muraille de Verdun », leur mise à l'ordre général de la 2ᵉ armée par une citation que nous ne connaîtrons jamais trop !

« Les 56ᵉ et 59ᵉ bataillons de chasseurs à pied, sous le commandement de chefs tels que le colonel Driant, le commandant Renouard, le capitaine Vincent, ont fait pendant les combats de fin février 1916 l'admiration de tous par l'énergie indomptable avec laquelle ils ont lutté pour conserver le terrain dont la défense leur avait été confiée. Ne formant qu'une seule âme, unis dans une même foi, ils ont montré une fois de plus ce qu'on peut attendre de ces soldats d'élite et ont ajouté une grande et belle page à leur histoire. »

LE COLONEL DRIANT

⁎

Nancy, le 15 avril, dans sa cathédrale, paya d'un cœur unanime à la mémoire de son député mort sur la terre lorraine, son pieux tribut. Le 30 avril, les électeurs de Driant, patriotes ruraux de Dombasle, de Rozière, de tout le Verdunois se pressèrent dans la basilique de Saint-Nicolas-du-Port ; puis ce fut le tour de Troyes, patrie militaire du 1er chasseurs. Le 10 juin à Saint-Germain-en-Laye, une messe fut dite. Le prêtre qui officiait avait été sous-lieutenant de Driant au 59e bataillon. Enfin en l'église Notre-Dame de Paris, le 28 juin 1916, au cours d'un service célébré par les soins de la Ligue des Patriotes, le R. P. Barret, traça les grandes lignes d'une oraison funèbre digne de son héros.

« Tout jeune, au lycée de Reims, il se passionne déjà pour nos gloires militaires ; plus tard, au 4e zouaves, à ce 1er bataillon de chasseurs qu'il aimait tant, à Saint-Cyr surtout dans un enseignement chaleureux dont plusieurs ici se souviennent, cet idéal rayonne de lui avec une autorité conquérante ; il illumine tant de beaux livres tombés de l'alerte et docte plume de cet homme suroccupé et devient un apostolat auprès de la jeunesse de France.

« Plus tard ce sera le chef qui fait vibrer dans le cœur de ses hommes le fier accent du petit clairon de Déroulède :

En avant !
Tant pis pour qui tombe,
La mort n'est rien, vive la tombe
Quand le pays en sort vivant !
En avant !

« Le chef dans toute l'ampleur et la beauté du terme. Il voit tout, il surveille tout, il est partout, mais là, notamment, où ça « chauffe » ! Impassible et comme invulnérable sous la grêle des balles, il a le sourire et il a le geste et le mot, il sème l'héroïsme et il le récolte à pleines gerbes. Et quand, la rage au cœur et les larmes aux yeux, il lui faut reculer, pour sauver non soi mais les siens, il est le dernier qui s'en va.

. . . .

« Face à face également aux Allemands sont tombés ce jour-là près de lui, les Houllier de Villedieu, les Mouchot, les Madrol, les Petitcollot — celui-ci va héroïquement chercher cette mort là où ne l'appelait pas le devoir — les Brouillard, les Plinois, les Carré, les Poqueyrus, et ce beau soldat, le commandant Renouard — bon sang ne pouvait mentir ! — qui partagea jusqu'au bout avec son colonel, moins un chef qu'un ami, les vaillances d'une lutte surhumaine et qui dort avec lui son glorieux sommeil là-bas, sous le petit tertre arrosé de leur sang. »

A ces hommages religieux, d'autres se sont joints et se joindront qui ont pour objet de réaliser quelques-uns des désirs auxquels s'attacha le plus fermement la sollicitude de ce chef si paternel à ses hommes.

Driant aimait passionnément la musique; il en savait aussi l'influence heureuse sur le moral des braves gens qui l'entouraient. Toujours, il avait caressé l'espoir de doter d'une fanfare les deux bataillons qu'il commandait. Les bons amis se souvinrent de son vœu et le réalisèrent.

Écoutez Maurice Barrès (1) :

« Les chasseurs de Driant auront leur fanfare. Les souscriptions m'arrivent, accompagnées de lettres brûlantes d'admiration pour lui, pour ses braves, pour tous les défenseurs de Verdun.

« Voici mon obole, m'écrit Louis Ganderax, pour la fanfare que désirent « les chasseurs de Driant ». Puisse-t-il un jour l'entendre lui-même ! Honorons le chef, en tout cas, par une prompte et cordiale déférence au vœu de ses soldats. Et que cette sonnerie, aux alentours de Verdun, soit un symbole, un signe de vie persévérante et de résistance triomphante ! » Après l'écrivain, le peintre J.-F. Raffaëlli me dit : « Les Allemands sont entrés en France musique en tête ; c'est bien le moins que nous les reconduisions à la frontière, à notre tour, musique en tête. » De l'armée, un sergent m'envoie sa quote-part: « Je veux que le plus vite possible retentissent les éclatants accents de cette fanfare. Il faut que le colonel Driant, quel que soit son sort, demeure toujours présent à l'esprit de ses hommes. Cette fanfare perpétuera les vibrantes paroles que ce brave a si souvent fait entendre... » Auprès du sergent, le général : « Ci-joint, mon cher Barrès, un billet du vieux chasseur des Garets pour la fanfare du glorieux bataillon de Driant. Elle sonnera dans un prochain avenir de si triomphants chants de victoire

(1) Maurice Barrès : *Echo de Paris*.

que le cœur du père des alpins ne peut manquer de s'y associer et de vibrer avec eux... »

« Toutes les lettres de nos donateurs seraient également à citer; je vais du moins publier leurs noms aussitôt ma souscription close. Elle devrait l'être, car je ne demandais que seize cents francs et j'en ai reçu deux mille quatre cents, mais un scrupule m'est venu. Driant avait sous ses ordres non pas un, mais deux bataillons, le 56ᵉ et le 59ᵉ, qu'il ne sépara jamais dans son affection. Tous deux la justifient pleinement, puisque le 59ᵉ aux tranchées de première ligne défendit les positions les 21 et 22 février avec un superbe acharnement, et que le 56ᵉ accourut à son aide avec un égal esprit héroïque de sacrifice. Les deux bataillons, bien qu'aujourd'hui séparés, demeurent unis par le souvenir de leur gloire commune et de leur chef. Comment ai-je pu me mettre en tête de donner une fanfare au 56ᵉ et rien au 59ᵉ ? Driant leur a promis qu'ils défileraient sous l'Arc de Triomphe au son de leur musique. Quelqu'un qui connaît cette situation, à laquelle je m'excuse de n'avoir pas pensé, m'écrit : « Vos lecteurs dans leur admiration pour les deux bataillons trouveront certainement la solution du problème et leur générosité ne pourra qu'accentuer l'harmonie, si j'ose dire, qui depuis toujours ne cessa de régner dans ce ménage parfait. »

La solution du problème ne fut pas longue à trouver; quarante-huit heures plus tard, Barrès complétait ainsi son article :

« Hier dimanche, l'*Echo de Paris* a publié la première liste des souscriptions généreuses que nos lecteurs ont bien voulu me faire parvenir pour les deux fanfares des chasseurs de Driant. Le total des sommes reçues monte à cinq mille quatre cent-dix-sept francs soixante-quinze centimes. Les deux fanfares, grâce à plusieurs instruments qui nous ont été donnés n'ont coûté que 3.059 fr. 60. Nous nous trouvions en présence d'un excédent de 2.356 fr. 15 que je crois bien faire de mettre, par égales moitiés, à la disposition des deux chefs des deux bataillons pour qu'ils en usent, comme ils le jugeront le mieux pour l'agrément de leurs braves soldats. »

Une autre dette incombe aux patriotes : réaliser une pensée qu'inspira au héros son culte fervent des morts, sa touchante coutume d'assister aux obsèques même d'un simple soldat. Préoccupé du souci d'élever à la mémoire de ses chasseurs tués à l'ennemi un monument commémoratif et d'y reposer près d'eux s'il était tué comme eux, il écrivait, le 1er mai 1915, à madame Driant : « Je t'envoie le double d'un texte que je fais enfermer dans un pot de grès et mettre au pied de la croix gigantesque, un chêne de six mètres que nous dressons à Vacherauville. Hier on abattait des croix, aujourd'hui on en érige. Si l'on m'avait dit que je dresserais celle-ci à Verdun, il y a un an ! — Le Père de Martimprey la bénira dimanche prochain, 9 mai, à l'issue d'un service pour les morts des deux bataillons... »

Il tient à rédiger l'inscription dans ces termes :

Camp retranché de Verdun. — 72e division, 113e brigade. — Cette croix a été érigée le 1er mai 1915 au cimetière militaire de Vacherauville par le groupe des chasseurs à pied des 56ᵉ et 59ᵉ bataillons ; elle a été formée de deux chênes pris dans le bois d'Haumont dont les chasseurs ont assuré la défense depuis le 25 octobre 1914 jusqu'au 2 mai 1915, après avoir combattu en Argonne et en Woëvre et avoir perdu 21 officiers et 1.100 chasseurs.

Elle a été bénie par le R. Père de Martimprey, chancelier de la faculté de Beyrouth, caporal brancardier au 59ᵉ, à l'issue d'un service pour les morts des bataillons.

Puissent nos enfants, à qui la Victoire si chèrement achetée par nous, va rendre une Patrie prospère et agrandie, honorer toujours les héros tombés au cours de la grande guerre 1914-1915 et se souvenir en particulier des chasseurs qui arrêtèrent l'ennemi au seuil de Verdun et qui reposent ici !

Commandant Driant, commandant le groupe.
Capitaine Bissières, commandant le 56ᵉ bataillon.
Capitaine Gridel, commandant le 59ᵉ bataillon.
Les officiers, sous-officiers, caporaux et chasseurs des deux bataillons.

En juillet, dans une nouvelle lettre à madame Driant il intercale une photographie reproduisant la maquette du monument. En même temps, il adresse à Maurice Barrès la maquette d'une statue de la France, faite par le sculpteur Corio, du 59ᵉ bataillon de chasseurs, et il dit dans la lettre d'envoi : « Cette statue est destinée à dominer le cimetière où je puis ramasser les chasseurs de mes deux bataillons qu'on peut extraire des réseaux. »

« Ce cimetière, situé au bord de la grande route de Stenay, tout près des postes avancés, possède déjà une croix de six mètres de haut, formée de deux chênes coupés dans le bois que nous avons défendu ici, au nord de Verdun.

« La statue sera à son pied : déjà elle n'est plus à l'état de petite maquette car en voyant le talent du jeune élève des Beaux-Arts, je lui ai installé un atelier, et notre statue, magnifique d'expression, s'y dresse, faite de la glaise des tranchées, reproduite en plâtre, et haute de 1m. 85. C'est une image en pied de la patrie, une jeune femme debout qui, dans un mouvement magnifique d'imploration, supplie le Dieu de la France de nous donner la victoire en échange des vies envolées.

« Pourquoi je vous dis tout cela ? Pour que vous m'aidiez à la réalisation en pierres. Le travail ne coûte rien mais la belle pierre extraite non loin d'ici, travaillée ici, au bruit des explosions, devenue statue en quatre mois, cette pierre, pouvez-vous me la donner ? Nous viendrons l'inaugurer ensemble après la guerre.

« J'ai ramassé là nos morts de Consenvoye. J'y ai déjà quatre de mes officiers, sur vingt-sept perdus. L'inscription sera : « Aux chasseurs des 56e et « 59e bataillons, morts pour la Patrie. » Je désire reposer à ses pieds, si telle est la volonté de Dieu. »

Une fois son projet confié à Barrès, Driant est plus tranquille ; il sait bien que la réalisation n'en peut plus être qu'une question de temps.

Aussi maintenant est-ce à l'autre des deux préoccupations dont nous avons parlé qu'il cède en écrivant à son ami le lieutenant-colonel Bergot [1],

---

[1] Mort lui-même huit jours après la confirmation de la mort du colonel Driant.

le 7 octobre 1915 : « ..... Grâce à vous, je ne suis pas inquiet pour notre monument. Il sera au pied de notre croix et je vous rappelle, si toutefois je vous l'ai déjà dit, que si, quelque chose m'arrivait par la suite, c'est aux pieds de cette croix que je voudrais reposer. Vous trouverez donc le moyen de m'y faire ramener comme j'ai ramené moi-même le corps de mon pauvre Bouguen. »

Le colonel Bergot, victime de la guerre à son tour, avait, avant de fermer les yeux, transmis à Barrès le vœu de Driant. A la date du 9 avril 1916, il écrivait à l'illustre écrivain :

« Driant a fait dresser, à la sortie de Vacherauville, sur la route de Samogneux, dans un champ où reposent de nombreux chasseurs, une grande croix de bois. Un monument doit y être érigé. En octobre, quand le groupe de bataillons de chasseurs a été relevé du secteur du bois de Consenvoye (il n'est allé au bois des Caures qu'à la fin de novembre) pour être envoyé à Eix, au pied des côtes de Meuse mon ami m'avait manifesté sa volonté formelle d'être inhumé au pied de cette croix, au milieu de ses chasseurs, s'il lui arrivait malheur...

« Vous pouvez faire à l'occasion tel usage de ma lettre que vous jugerez convenable, sous réserve de ne pas me citer, puisque je suis en activité... »

Driant, à l'heure où nous écrivons ces lignes, repose encore dans la tombe provisoire que les ennemis lui ont élevée, en attendant l'heure où ses restes mortels viendront se ranger auprès de ceux de l'admirable commandant Renouard, de tous les braves petits chasseurs ensevelis à leurs côtés, à l'ombre du monument de Vacherauville.

Et tous les Français viendront en pèlerinage vers la statue où se lira l'inscription : « Je désire reposer là si telle est la volonté de Dieu. »

CHAPITRE XV

Driant songe à l'Académie. — Ses principaux romans militaires. — Ses vues prophétiques sur les armées de l'avenir.

Le 12 décembre 1915, Driant écrivait à son ami, le lieutenant-colonel Bergot : « Je veux que vous soyez le premier après madame Driant à qui j'annonce la nouvelle. Je me suis décidé à poser ma candidature à la succession d'Albert de Mun. Je cède à vos raisons et vous pourrez dire que vous avez été pour beaucoup dans ma décision ».

L'Académie française eût-elle élu l'auteur de *La Guerre de demain* ? Il y aurait peut-être là matière à une enquête rétrospective intéressante. Plus d'un a pensé que l'esprit de large indépendance qui préside au choix des académiciens aurait tenu à honorer non seulement le journaliste de talent, l'orateur applaudi, comme Albert de Mun, de ses adversaires eux-mêmes, mais aussi l'auteur d'œuvres attachantes même pour l'âge mûr, et qui ont fait mieux que de distraire la jeunesse, puisqu'elles ont puissamment contribué à la jeter vers l'ennemi avec ce mépris de la vie qualifié « d'étonnant » par le chancelier de Bethmann-Hollweg.

C'est aussi quelquefois un titre pour le bagage académicien des écrivains militaires qu'il soit assez important pour n'être pas un simple accessoire de la candidature. Or l'œuvre de Driant est considérable.

Elle peut se diviser en deux séries : la première renfermant un certain nombre de récits d'aventures ; la seconde se composant d'ouvrages moins imaginatifs, envisageant les guerres futures, leur mode de développement, les procédés qu'elles mettront en action et les solutions probables ou possibles qu'elles pourront présenter.

Les ouvrages de la première série ne comportent chacun qu'un seul volume ; ceux de la seconde, de beaucoup plus étendus, de trois à six.

Dans l'ensemble, la première série fait comprendre l'exclamation de ce proviseur de lycée qui, à un esprit morose se plaignant de ce que, depuis Jules Verne, aucun auteur n'ait travaillé efficacement pour la jeunesse, observait vivement : « Eh bien ! Et Danrit ? »

Tout d'abord dans son *Evasion d'Empereur*, Driant élevé, nous le tenons, on s'en souvient, de lui-même, dans le culte de Napoléon, par son aïeul, retrace avec une profonde émotion la fin dramatique du prisonnier de Longwood. Son imagination a groupé autour du mourant de touchantes figures d'enfants et d'adolescents, entre autres la petite Irlandaise, Kate Holbein, l'ange de Sainte-Hélène, entourant l'Empereur d'un culte mystique et passionné, le jeune Corse Paoli, combinant le plan d'évasion de son prodigieux compatriote, d'autres encore.

C'est seulement dans *Evasion d'Empereur* et dans les deux premiers épisodes de l'Histoire d'une famille de soldats, *Jean Tapin* et *Filleuls de Napoléon*, que Driant a fait de l'histoire, du reste très heureusement ; mais ce qui le séduit bien plus que le tableau à tracer du passé, c'est l'avenir à prévoir, l'anticipation comme dirait G. Wells, un maître aussi de ce genre. Là, son invention trouve une belle carrière où se livrer heureusement.

Ordre du Tsar est dédié « A nos frères d'armes de l'armée russe, dans leurs épreuves comme dans leurs triomphes ». Le titre, aux hommes faits, rappelle immédiatement *Michel Strogoff*, de Verne ; mais Driant a su faire passer dans cette œuvre un souffle de poésie que l'auteur de *Cinq Semaines en ballon* n'y eût certes pas introduit.

L'ordre qui justifie le titre du roman a été apporté par le comte Néladoff au général Kritschine, commandant les forces russes opérant au Thibet, de diriger sur Lhassa, capitale du Dalaï-Lama, le grand-prêtre et l'incarnation de Bouddha, une colonne expéditionnaire, chargée d'y devancer un corps d'occupation anglais qui vient de partir des Indes pour assurer l'influence britannique dans l'Asie Centrale. A la tête de la colonne russe sera placé le comte Néladoff, chargé de défendre auprès du Dalaï-Lama, les intérêts russes.

Le comte Néladoff est accompagné de sa fille Xénia. La mission militaire russe qui escorte le plénipotentiaire a pour chef le capitaine Karlow, de modeste origine, mais appelé au plus brillant avenir. Le hasard a, précédemment, réuni Karlow et Xénia à Samarcande. Le jeune officier s'est alors profondément épris de sa compatriote ; mais il a craint que l'humilité de sa naissance ne soit un obstacle à ses rêves d'amour; aussi a-t-il cherché l'occasion d'une mission lointaine et dangereuse, espérant y trouver l'oubli et la paix.

Or, voici que le Destin réunit de nouveau les jeunes gens; et alors un amour mutuel qu'ils se cachent, constitue le centre de ce joli roman, semé de péripéties, d'aventures, d'épisodes dramatiques ou amusants sur lesquels nous ne nous étendrons pas, laissant le lecteur chercher dans l'ouvrage la fin de cette histoire russe. Puisse-t-il la trouver autant à son goût que le serait au nôtre un dénouement conforme aux intérêts français de la terrible crise traversée aujourd'hui par le pays de Néladoff et de sa fille Xénia !

En 1908, Driant donne les *Robinsons sous-marins*, saisissant épisode où ne figurent que deux acteurs sur une scène originale, car ce n'est rien moins qu'un sous-marin gisant sur un fond de sable par 40 mètres de profondeur, sans espoir possible de salut. Ce petit drame rapide serait susceptible, s'il était transporté au théâtre, de donner aux spectateurs du Grand Guignol, le frisson violent qu'ils y vont chercher. Dans le livre, le drame dure l'espace de trois cents pages et pourtant l'intérêt ne faiblit pas et l'esprit du lecteur est en continuelle tension. La lutte désespérée des deux malheureux enfermés vivants dans cette tombe, leurs angoisses, leurs espoirs et leurs défaillances, enfin le caractère providentiel et pourtant parfaitement logique de leur sauvetage, ont fourni à Driant les matériaux d'un récit où il a pu mettre en valeur la fécondité et la souplesse de son imagination. Dans ce livre, sa chevalerie n'a pas pressenti que les Allemands de la *Lusitania* déshonoreraient la guerre sous-marine. Il n'y voit que l'esprit de sacrifice qui s'impose au commandant de l'équipage et, dans l'avenir aussi, aux deux enfants auxquels il dédie l'ouvrage, ses deux plus jeunes fils, Raoul et Robert, « avec l'espoir que dans l'âme de l'un d'eux surgira la vocation du marin. »

Des profondeurs de l'Océan, Driant avec ses *Robinsons de l'air*, nous transporte dans les espaces où nous luttons aujourd'hui sans désavantage avec les Gothas. Il nous conte l'équipée du dirigeable *Patrie* n° 2, arraché par la tempête à son atterrissage. Avec lui, sous la direction du lieutenant du génie Georges Durtal et en compagnie de la charmante Christiane de Soignes nous courons contre notre gré à la conquête du Pôle Nord. Certes, au cours de ce voyage prestigieux, nous souffrirons mille peines. De tumultueuses émotions nous assailliront lorsque nous franchirons les kilomètres avec une vitesse folle, dans les tourbillons d'un vent furieux, au-dessus d'une mer sans limites et dont chaque minute rapproche de nous la terrible menace, car nous aurons aussi l'angoisse de la chute lente et de la catastrophe inéluctable. Mais, par contre, avec quelle joie le lecteur saluera la terre enfin apparue et bénira l'accueil du bon milliardaire américain Elliot qui, à la suite d'un pari téméraire, s'efforce de dépasser vers le Pôle Nord les limites de 87° atteintes par Peary ! De même que Christiane il se laissera dorloter par la rude et bienveillante mistress Elliot, il sourira des bizarreries de caractère du docteur Petersen, et c'est avec des éclats de rire qu'il accueillera les extravagances de Bob Midy, avant de reprendre en leur compagnie, sur le dirigeable réparé, la randonnée vers les glaces du Pôle. Parvenus — ou presque — à son but, il s'inclinera avec émotion devant les dépouilles retrouvées d'Andrée et de l'un de ses compagnons; à bout de souffle, il remettra pied enfin, avec Dieu sait quelle ivresse, sur un sol un peu moins crevassé que les icebergs qui, un moment, parurent l'ultime planche de salut. Il est facile de prévoir que l'héroïsme de Durtal — un gaillard qui a joliment su mener sa nacelle — ne saurait être mieux récompensé qu'il ne le sera, puisque, à la fin de l'œuvre, tout lui sourit à la fois : la fortune et l'amour.

Avez-vous pris quelque plaisir à l'excursion que Driant vient de vous faire accomplir au Pôle Nord? Si oui, restez dans l'air. Confiez-vous sans crainte à l'ingénieur Rimbaut, *L'Aviateur du Pacifique*, qui vous fera franchir 4.000 kilomètres en aéroplane, au-dessus des flots.

Par suite de quelles circonstances ce jeune et aventureux Français a-t-il mis son intelligence et son audace au service des Etats-Unis dans la guerre qui vient soudainement d'éclater entre ce pays et le Japon? Pourquoi se dévoue-t-il corps et âme à la cause qu'il a faite sienne? Sa sympathie pour la bannière étoilée y est certes pour quelque chose, mais les yeux bleus de Kate Heuzey, la fille du commandant de Midway, formidable forteresse élevée sur un îlot perdu du Pacifique en sentinelle avancée sur la route qui vient du Japon, y participent plus encore. Et ainsi nos amis Japonais pardonneront à notre compatriote d'avoir rompu contre eux sa neutralité. L'amour n'en fait jamais d'autres.

Driant — et c'est son originalité qui le distingue nettement de ceux qui, comme lui, ont écrit pour la jeunesse — mêle toujours dans ses romans une discrète intrigue amoureuse au développement d'aventures dont il gradue d'ailleurs l'émotion avec une incontestable maîtrise.

Il en est encore ainsi dans *Au-dessus du Continent noir*, qui ne le cède en rien au précédent ouvrage au point de vue du pittoresque et de l'imprévu. La randonnée en aéro de quelques audacieux officiers français que guide la gracieuse Ourida vers les cités mystérieuses de l'Afrique Centrale, intéresse tous ceux que passionnent les prodiges de l'aviation et la solution des grandes et chaque jour d'ailleurs moins nombreuses énigmes de la géographie africaine.

Comme toujours dans les livres de Driant, on voit passer à travers cet ouvrage tout à la gloire de nos troupes coloniales, un grand souffle de patriotisme; là comme partout se dresse la France exaltée, une France qui combat pour une juste et grande cause. Ce livre dédié à Baratier, le général de grand avenir que la guerre a enlevé à la France, écrit peut-être sous l'impression de l'affaire de Fachoda, se termine par une scène en terre d'Alsace où l'oiseau du capitaine Frisch, retour d'Afrique, s'en vient narguer gendarmes et douaniers, puis, sa tâche remplie, regagne la France « pays des longs espoirs, des réveils guerriers et des relèvements inattendus ».

Quel prophète que ce Driant !

Enfin vient *Alerte*, où l'auteur raconte avec une émotion frémissante — comme on sent chez lui le regret que cela ne soit qu'une alerte ! — l'étrange

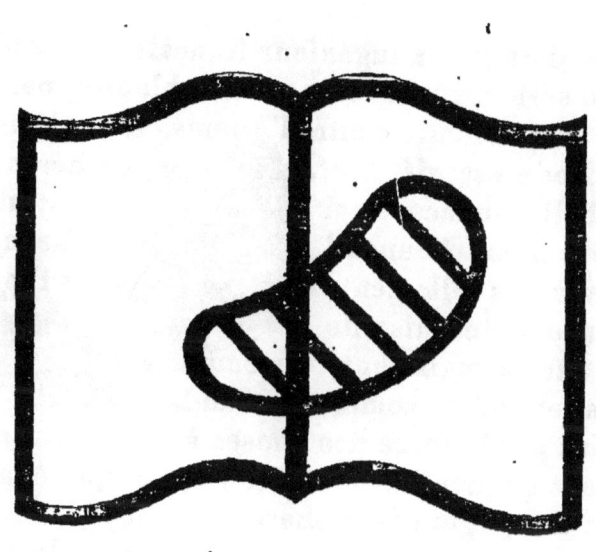

Illisibilité partielle

VALABLE POUR TOUT OU PARTIE DU
DOCUMENT REPRODUIT

équipée d'un jeune ingénieur français qui, trompé par une série d'apparences vraisemblables, part en guerre avant l'heure contre l'Allemagne mobilisée. Cet épisode est vif, bref, v######x, Le héros est d'une belle audace et si P####### — c'est ainsi que se nomme l'ennemi s######e la farouche Germania — a follement exp######dans l'aventure, on est bien aise de vo##### ladite tête se maintient ferme##### épaules et qu'en somme cet audacie### s'il ### contraint par la force des choses à quitter sa terre natale et à gagner l'hospitalière République Argentine, en compagnie de la charmante Freya Valborg, Danoise patriote, il gagnera au dénouement le cœur de la jeune fille.

C'est enfin, pour terminer la série : *La Guerre souterraine*. Cette fois-ci Driant est en plein dans son élément et il nous conduit au cœur de la guerre avec l'Allemagne. Metz, assiégée par les troupes françaises, est cernée de si près que c'est souterrainement que les travaux d'approche ont lieu.

On peut dire que *La Guerre souterraine* fut écrite à la gloire de l'arme du génie ; les braves petits chasseurs qui interviennent un instant — ces petits chasseurs que Driant a tant aimés et au milieu desquels il est mort — n'y jouent qu'un rôle épisodique. L'ouvrage célèbre surtout l'héroïsme obscur des soldats éprouvés qui travaillent à quelques mètres sous la surface du sol, entourés de dangers et de pièges, frémissant au choc du pic ennemi sur la paroi voisine, l'esprit toujours en tension sous l'étreinte de la mort qui rôde. Et avec quelle autorité l'auteur nous décrit-il, non point seulement l'état moral de ces travailleurs du sous-sol,

mais encore la technique même de leurs travaux!
Si bien qu'une fois ce livre lu, tout profane pourra
disserter avec quelque compétence, sur cet aspect
si curieux et ##### atique de la guerre moderne.

Parmi les ##### de Driant appartenant à ce
que nous av##### é la seconde série, l'*Histoire
d'une Fa##### ats* attirera les personnes d'es-
érent aux évocations plus ou
blables d'un avenir qui, a dit Hugo,
n'est à personne, si ce n'est à Dieu, une reconstitution exacte, animée et pittoresque des grandes
épopées françaises. Le lecteur éprouve un vif
charme à suivre avec Jean Tapin, l'héroïque petit
tambour devenu plus tard le fondateur de « la
famille de soldats ». les armées du grand Empereur; à se sentir vivre avec les filleuls de Napoléon,
dignes rejetons du colonel Cardignac, l'ancien Jean
Tapin, dans les émotions des pénibles et glorieuses
campagnes d'Afrique et de Crimée; à ressentir aux
côtés du dernier des descendants de cette belle
lignée d'hommes de guerre, les épreuves de l'Année
terrible. Cet ouvrage est parsemé d'épisodes gais
ou émus; telles les simples et jolies amours de
Jean Tapin et de la gentille Lison. Enfin, l'*Histoire
d'une Famille de Soldats* a encore ce mérite précieux
qu'elle fourmille en renseignements sur Driant
lui-même, sur sa famille, sur les origines de sa
vocation militaire, sur ses ambitions de jeune
homme. La deuxième moitié du volume final est
presque une autobiographie, sincère, nullement
flattée où l'on se plaît à reconnaître sous les traits
du Saint-Cyrien Andrit, si plein de généreuse ardeur, la franche et belle figure de celui qui sera le
héros du bois des Caures.

Nous ne rappellerons pas ce que nous avons dit autre part de *La Guerre de demain*, une œuvre capitale, non seulement par son étendue — huit volumes si l'on y comprend le *Journal de Guerre du lieutenant von Piefke* (1), mais encore pour avoir été un formidable coup de clairon secouant chez nous tant d'apathies, tant d'inconsciences du danger.

Oui certes, l'Académie ne se serait pas discréditée d'accueillir un candidat qui avait le droit de dire à chacun de ses membres en lui adressant l'ensemble de ses romans militaires ce qu'il a écrit pour l'un de ceux-ci.

« Mon but sera rempli si, en fermant ce dernier livre à la dernière page, vous ne pouvez plus voir un régiment sans rêver et son drapeau sans tressaillir. » Une œuvre qui a mérité dans son ensemble qu'un jour l'éloquent biographe d'un jeune et grand serviteur de la France, mort pour elle, dise de ce héros (2) : « Il n'aimait guère à lire et ne recherchait guère que les livres d'aventures où sa nature belliqueuse et ses sentiments d'honneur et de loyauté pouvaient s'alimenter. Ses préférences allaient aux œuvres du commandant Driant. Même pendant une année de mathématiques il le relut. Au retour d'une promenade, il vint frapper au bureau du préfet, quêtant un livre : « Veuillez me
« donner *La Guerre de demain*, *l'Aviateur du Paci-*
« *fique*, etc... — Mais vous l'avez déjà lu. — Ça ne
« fait rien. »

Ce héros c'était Guynemer.

---

(1) Écrit en collaboration avec M. de Pardiellan.
(2) M. Henry Bordeaux, *Revue des Deux Mondes*, 15 janvier 1918.

CHAPITRE XVI

Si la carrière de Driant n'avait pas été brisée ? — Ne le plaignons pas ! Mort, il continue !

Devant une carrière qui ne s'est pas démentie depuis la sortie de Saint-Cyr dans les premiers rangs, devant des notes constituant les plus magnifiques états de service qui puissent prendre place dans les archives d'une famille militaire et à la pensée que dix-huit mois de front ont révélé un homme de guerre dans la plus complète acception du mot, une question s'impose :

Quelle eût été vraisemblablement la carrière de Driant, si elle n'avait pas subi la cruelle coupure qui le rejeta pendant neuf ans dans la vie civile ?

La réponse s'impose aussi. Avec des ministres de la guerre qui n'eussent pas été ombrageux, Driant devait légitimement espérer commander une division aux premières heures de la guerre actuelle. Or, dans les minutes tragiques du mois d'août, la valeur des divisionnaires a été mise à l'épreuve d'une façon éclatante. Les déceptions que plus d'un parmi les plus en vue donnèrent au haut commandement expliquent, si elles ne justifient pas toujours, ce qu'on a appelé les « limogeages ».

En revanche que de noms ont surgi de chefs de corps qui ont inspiré et inspirent la plus juste confiance, non seulement par leur belle attitude au feu, mais par un de ces coups d'œil sur le champ de bataille qui ont parfois, arrêté une défaite ! Eh bien ! si Driant avait commandé une unité importante dans un coin de la bataille de Charleroi par exemple, n'aurait-il pas comme Desaix, à Marengo, eu cette chance de rétablir la fortune de nos armes ? Et alors ?...

N'allons pas plus loin dans le champ des hypothèses douloureuses, mais ne regrettons pas d'avoir posé celle-là, car une grande leçon s'en dégage. Si le militarisme allemand brisé permet d'espérer une importante limitation des armements dans le monde entier et chez nous d'abord, comme nous devrons toujours nous tenir sur nos gardes, avoir toujours, une armée, quelles responsabilités encourraient dans l'avenir les ministres de la guerre qui oseraient d'un trait de plume, faire d'un émule de Driant une force perdue pour le bien de l'armée et de la Patrie !

Mais ne plaignons pas Driant d'avoir marqué le pas injustement. De lui aussi le poète pourrait dire :

Meurs donc ! Ta mort est douce et ta tâche, est remplie !

Il a eu le droit, en tombant, de penser que sa mort serait féconde, que ce n'est pas seulement ses hommes qui voudraient le venger, mais tous ceux pour qui sa vie a été un exemple. Si modeste qu'il fût, il se savait l'homme dont une plume autorisée dirait un jour. « Ce colonel de soixante ans était un modèle pour les plus allants. » Si modeste qu'il fût, il a pu être fier de ces neuf années de vie bourgeoise parce qu'il demeura soldat dans le civil, parce que, libre enfin de parler et d'écrire, il alluma ou raviva le feu sacré chez les jeunes gens et chez les doyens, chez un Psichari, un Guy de Cassagnac, un Guynemer, comme chez un Collignon, un Surrugue, un Pelleport. « Driant, a écrit Barrès, agit toujours ; mort, il continue. » Une chanson de l'anthologie grecque moderne célèbre un chef tombé sous les balles et qui vient d'être enseveli. Elle demande :

« Qu'on fasse à la terre une entaille
« Pour que le jour de la bataille
« Il entende les combattants.

Driant fait mieux que d'écouter le bruit des armes. Son ombre, surgie de la tombe, parcourt tout le large front de notre France, de l'Yser à Belfort, et cela jusqu'au grand jour entrevu à l'heure où, avec sa foi robuste dans nos destinées, il disait à ses chasseurs : « Vous passerez sous l'Arc de Triomphe ! »

Ce jour-là ! Ah ! qu'on nous laisse, avec lui, en devancer l'aurore (1) !

Une foule immense a passé la nuit, anxieuse de voir, d'entendre... Son impatience de piétiner sur place déborde les barrages, les haies d'agents de police... Dans les tribunes pas de passe-droits ni de places complaisamment réservées aux membres du

(1) Ces lignes ont été écrites fin d'avril 1918.

Parlement. Ils seront là, au premier rang, tous ceux qui ont le droit d'y être, les médaillés de 1870, à côté d'eux, parmi les mutilés, ceux qui peuvent être de la fête, n'étant que manchots ou béquillards, qui la raconteront, cette fête, aux aveugles, aux amputés des deux membres, et puis les pères, les fils de ceux qui sont tombés et aussi — pourquoi pas? — les mères, les veuves, les filles...

On attend, on attend, — dans quelle fièvre! — l'acclamation lointaine annonçant que d'autres, là-bas, voient déjà la tête du cortège... ils vont venir! Les voici!... Les clairons sonnent, les tambours battent. Et les mains donc! les mains de tout un peuple! Le flot passe, ininterrompu. Tous les uniformes, toutes les armes : la prestigieuse artillerie, la légère comme la lourde qui a si bien regagné le temps perdu, le génie, ce grand outil de la nouvelle guerre, la cavalerie, que le généralissime Pétain, un fantassin, au cours d'une revue d'un de ses corps d'armées a magnifiquement glorifiée, les étonnants fusiliers marins de Dixmude, puis, étonnés d'être à pied pendant que des camarades les survolent, les *as* de l'aviation, ceux qui ont vengé leurs morts. Puis l'acclamation monte, devient tempête : Les poilus! Les poilus! Ils passent, régiment par régiment, compagnie par compagnie, section par section, d'un pas égal, la tête haute, le regard droit et brillant; ils s'engouffrent sous la voûte du monument où s'inscrivent 386 noms de combats, 386, rien que ça? Elle en a davantage à son compte, la nouvelle grande Armée!

Driant la passe, cette revue! Il est là avec le commandant Renouard, son second, avec ses sergents, ses caporaux, ses soldats tombés avant lui, en même temps que lui, après lui, au bois des Caures. Soudain une fanfare : Sa fanfare ! Ses vitriers ! Avec quelle piété attendrie lui et ses compagnons se signalent les uns aux autres les croix et les fourragères du drapeau, et sur la poitrine des hommes dont la mort n'a pas voulu, les rubans allongés par la multitude des insignes...!

Les derniers du défilé ont fini de franchir la grande voûte. Les accents de la fanfare s'éloignent et avec eux la vision de la France de 1914. C'est sous ses yeux de voyant, la France de demain qui passe. Ah! la magnifique marche à l'étoile ouverte sous ses pas !

Recréée par la victoire remportée sur un gouvernement et un peuple trop criminels pour que, même vaincus, ils soient pardonnés, restaurée dans l'intégrité d'une frontière qui maintenant passera au large, certaine que désormais elle inspire une crainte respectueuse, mais certaine aussi du sort qui menace les Sybaris et les Byzance, la France, forgera sans se lasser, tout en s'équipant résolument pour les luttes économiques, les instruments exigés par la guerre courte, celle qui met le moins de larmes aux yeux des mères.

Et si jamais revenait l'heure où nos petits neveux auraient à dire à leur tour : « Ils nous en ont trop fait ! » l'ombre de Driant se dressera pour leur répéter sa belle formule : « La patrie avant les partis ! » Ils auront foi dans ce grand ancêtre qui ne fut pas le « revanchard » raillé par trop d'intellectuels, trop tard repentants, mais le sage qui avait dit de la guerre : « s'il faut la préparer et ne pas la craindre, nul n'a le droit de l'appeler sur son pays ». Et les poilus de ce temps auront dans le cœur et sur les lèvres le nom de cet « aîné », le jour où il faudra « rejoindre » et quand ils entonneront sur les routes la strophe immortelle :

> Nous entrerons dans la carrière
> Quand nos aînés n'y seront plus.
> Nous y trouverons leur poussière
> Et la trace de leurs vertus...

APPENDICE

Le dossier militaire de Driant

Ses états de service

Entré au service le 22 octobre 1875 (Saint-Cyr);
Sorti de l'Ecole spéciale le 4° sur 345 élèves;
Sous-lieutenant, le 1er octobre 1877;
Lieutenant, le 25 mars 1883;
Capitaine, le 8 juillet 1886;
Chef de bataillon, le 9 octobre 1896;
Fait valoir ses droits à la retraite;
Demande à reprendre du service le 1er août 1914;
Lieutenant-colonel, le 30 mai 1915;
Tué au bois des Caures, le 22 février 1916;

Campagnes

Tunisie : 1er mai 1883-6 janvier 1886;
— 23 janvier 1888-28 octobre 1892;
— 12 novembre 1896-12 février 1899;
Guerre 1914-1916 : 1er août 1914-22 février 1916.

Quelques notes de ses chefs

BATAILLON DE FORTERESSE
Saint-Mihiel
1880
Comme lieutenant
au 54ᵉ de ligne
—

DÉTACHÉ A SAINT-MIHIEL

Notes du chef de bataillon

Officier remarquable en tous points; honorabilité à toute épreuve, dévouement hors ligne, entrain digne des plus grands éloges; intelligence supérieure, zèle, conscience, caractère égal et sympathique, M. Driant réunit toutes les qualités d'un officier accompli. D'une supériorité réelle qui ressort à chaque instant, aucun détail ne lui est indifférent. D'un tact exquis, modeste, bienveillant avec ses subordonnés et très soumis avec ses chefs; officier digne de toutes les faveurs.

1ᵉʳ semestre 1881. Le Lieut.-colonel : BRISSAUD.

1881

DÉTACHÉ A SAINT-MIHIEL

Notes du chef de bataillon

Mêmes notes que le semestre précédent, parce qu'on ne peut les donner meilleures. — Officier modèle.

2ᵉ semestre 1881. Le Lieut.-colonel : BRISSAUD.

1884
1ᵉʳ
Comme capitaine
au 4ᵉ zouaves
—

Résumé des notes antérieures

M. Driant est sorti avec le n° 4 de l'Ecole spéciale militaire de Saint-Cyr, où il était sergent-major. Officier parfait. A demandé à faire campagne et, bien qu'il n'ait servi que 4 mois au bataillon de Tunisie, a justifié pleinement les excellentes notes et la réputation d'officier modèle qui l'avaient accompagné depuis sa sortie de l'École militaire. A reçu une lettre de satisfaction et d'éloges du ministre pour travaux topographiques en 1879. A une instruction générale et professionnelle supérieure, dessine admirablement, est beau cavalier, possède une tenue et une éducation parfaites, doué d'un tact et d'une maturité exceptionnelle de jugement. M. Driant est destiné à arriver aux plus hauts grades de l'armée.

Tunis, le 9 juin 1884.

Le lieutenant-colonel.

4ᵉ RÉGIMENT DE ZOUAVES
Juillet 1885

Comme officier
du général Boulanger

D'une grande intelligence, d'un dévouement à toute épreuve, le capitaine Driant est destiné à un bel avenir, si les circonstances le favorisent. C'est un officier apte à toutes les missions, même les plus difficiles, qu'on jugera à propos de lui confier. Je ne crains pas d'affirmer que, malgré son âge relativement peu avancé, c'est un officier complet.

Général BOULANGER.

1888
Comme adjudant-major
au 4ᵉ zouaves

Officier d'une instruction générale supérieure, sorti le 4ᵉ de Saint-Cyr — d'un tact parfait, d'une maturité exceptionnelle de jugement et d'un caractère sérieux et égal. Modeste et réservé dans ses relations. Elégant et bon cavalier. Appelé à un grand avenir.

Tunis, le 2 janvier 1889.

Le lieutenant-colonel : DESSIRIER.

Année 1892
1ᵉʳ semestre
Ecole spéciale militaire
Instructeur
—

Comme capitaine : S'affirme de plus en plus comme officier d'une grande valeur ; caractère sérieux, excellent esprit, instruction générale supérieure, grande facilité de travail et de conception, instruction militaire très complète ; d'un tact parfait et d'une maturité de jugement exceptionnelle ; aussi modeste et réservé que zélé. Très bon cavalier, officier hors ligne, réussit dans tout ce qu'il entreprend, a tout pour lui ; est certainement appelé à un grand avenir.

Le colonel commandant en second : FABRE.

1893. — 1ᵉʳ semestre
Comme capitaine
Instructeur à Saint-Cyr.
—

Officier remarquablement doué sous tous les rapports ; nature fine, jugement bien assis, d'éducation parfaite ; se distingue par ses sentiments élevés, son intelligence vive, son instruction générale très étendue et variée, ses connaissances professionnelles très complètes et son amour de métier. Aussi capable que modeste, plein de tact et de mesure, il est à la fois bienveillant et ferme et sert de modèle à ses subordonnés dont il se fait aimer et dont il obtient beaucoup parce qu'il sait les intéresser. Instructeur de choix, bien à sa place à Saint-Cyr ; très bon cavalier ; officier de la plus grande valeur et d'avenir qu'il serait désirable de voir arriver vite.

Le colonel commandant en second : FABRE.

1898
1er semestre
Comme major au
4e zouaves
—

Je n'ai que des éloges à faire au commandant Driant pour la manière dont il dirige comme major l'administration du régiment. Sérieux, intelligent et travailleur, il mérite toute confiance, assiste souvent aux manœuvres et s'intéresse avec ardeur aux choses militaires. A de l'initiative, vigoureux, actif, animé d'un excellent esprit. Monte très bien à cheval. Education parfaite ; très correct en tout. C'est un officier parfait et qu'on peut employer utilement à tous les emplois. Officier de valeur et d'avenir.

Tunis, le 21 avril 1898.

Le lieutenant-colonel : DUFAU.

1900. — Octobre
Comme commandant
du 1er bataillon de
chasseurs
—

Chef de bataillon de chasseurs très distingué, d'une intelligence et d'un savoir très supérieurs. Caractère droit et on ne peut plus sympathique. Commande avec beaucoup de tact, de bienveillance et d'autorité. S'occupe avec un dévouement tout particulier de l'éducation morale et de l'instruction professionnelle de son bataillon. A toutes les qualités d'un véritable chef et peut prétendre à un brillant avenir. A été proposé cette année pour le grade de lieutenant-colonel.

Le général commandant la 78ᵉ brigade : Debatisse.

1902. — Avril
Comme commandant du 1ᵉʳ bataillon chasseurs

On ne saurait trop faire d'éloges de cet excellent officier supérieur. Chef de corps accompli, d'un dévouement absolu, d'une intelligence et d'un esprit élevés, d'une activité et d'un entrain remarquables. N'a pas été inscrit au tableau d'avancement comme on l'espérait et a montré encore plus de zèle, si c'est possible. Le 1ᵉʳ bataillon de chasseurs ne peut se trouver en de meilleures mains.

Toul, le 20 avril 1902.

Général de Nonancourt.

1903. — Avril.

Officier supérieur de grande valeur, chef de corps émérite, écrivain distingué, éducateur de premier ordre, esprit on ne peut plus militaire, intelligence lumineuse. Malgré toutes ces qualités élevées à un si haut degré, le commandant Driant n'a pas été inscrit au tableau l'année dernière et j'en suis encore tout désolé.

Toul, le 15 avril.

Général de Nonancourt.

1904. — Avril.

Le commandant Driant est un chef de corps de première valeur.

Il a une instruction très supérieure et une intelligence vraiment lumineuse. Plein d'entrain et de vigueur, il conduirait son bataillon au bout du monde. Son éloge n'est plus à faire ; il est universellement connu et apprécié.

Malgré toutes ces qualités, et bien que proposé avec le n° 1 dans la brigade et la division, il n'a pas été inscrit au tableau.

Général DE NONANCOURT.

1904. — Octobre.

Je ne pourrais qu'ajouter encore aux notes très brillantes que mérite, à tous égards, le commandant Driant. Je me borne à réclamer hautement son inscription au tableau d'avancement.

Général DE NONANCOURT.

Rien ne pourrait mieux clore cette longue suite de témoignages que la lettre suivante adressée, après confirmation de la mort du colonel Driant, à sa veuve, par le général Bapst qui commandait sur le front la division à laquelle appartenaient les 56° et 59° chasseurs.

Avril 1916.

Madame,

Après ces cruelles journées d'angoisse que vous venez de vivre, le doute n'est, hélas, plus permis. Votre mari est tombé au champ d'honneur pour la France.

Sa mort est certes glorieuse. Ses ennemis eux-mêmes l'ont proclamé. Mais la gloire, si elle peut exalter les plus légitimes orgueils ne peut calmer les douleurs des cœurs déchirés. Et votre cœur d'épouse, comme ceux de vos enfants, après avoir passé par toutes les tortures du doute, sont aujourd'hui brisés par la douleur.

Permettez-moi, Madame, de m'incliner devant cette douleur et de la partager.

Depuis 15 mois que je vivais en contact constant avec votre mari, j'avais pu apprécier ses hautes qualités d'homme et de soldat. J'avais eu l'insigne honneur de lui conférer la croix d'officier de la Légion d'honneur, en présence des détachements de toutes armes de la 72e division, au son du canon qui tonnait sur nos lignes avancées et le lieutenant-colonel aimait à rappeler cette cérémonie qui lui avait laissé un émouvant et profond souvenir.

J'avais eu également le bonheur de le voir promu au grade de lieutenant-colonel et, à cette occasion, de lui adresser, dans une intime réunion quasi familiale, quelques paroles de félicitation dont il avait été profondément touché.

C'est qu'en lui, je n'avais pas seulement à louer le soldat et le chef, mais bien aussi l'apôtre qui par ses écrits si empoignants avait su réveiller chez la jeunesse française cet esprit de générosité et de sacrifice trop souvent sapé par des éducateurs dévoyés.

Que de fois nous parcourûmes ensemble ce dédale de tranchées, sa promenade journalière, et que d'utiles enseignements j'ai pu, au cours de ces visites, recueillir de nos entretiens.

Tout cela est pour vous dire que, moi aussi, je suis cruellement affecté par la mort de votre mari et que je n'en comprends que mieux votre douleur et celle de ses enfants.

Mais nous n'avons pas le droit de nous laisser abattre par l'épreuve, si pénible soit-elle. Je vous sais Française assez vaillante et chrétienne assez convaincue, pour ne pas douter que vos pensées, en allant à votre mari, ne s'élèvent vers cette assurance de la vie éternelle qui est la meilleure force de ceux qui meurent et la véritable consolation de ceux qui les pleurent.

Le lieutenant-colonel Driant nous a montré que, pour achever la beauté d'une vie, il faut savoir la donner pour une noble cause et il a donné la sienne pour que la France vive.

Toute goutte de sang répandu lave quelque chose et il a versé le sien, avec bon nombre d'autres nobles victimes pour laver bien des erreurs de notre pauvre patrie.

La France ne l'oubliera pas et Dieu lui en tiendra compte.

Veuillez agréer, Madame, l'hommage de ma bien profonde et respectueuse sympathie.

Général André BAPST.

De nombreuses chansons ont été faites sur la mort du colonel, celle-ci est la meilleure :

Les Chasseurs de Driant

Air : *Au Bois d'Boulogne.*

Ils étaient là deux bataillons
De fins chasseurs nerveux et prompts
Gités dans les taillis profonds
    Et la broussaille
Qui, sous les ordres de Driant,
Espéraient depuis plus d'un an
L'heure de bondir en avant
    Dans la bataille.

Un arrosage meurtrier
Décima le sombre hallier
Le vingt et un de février
    Dix-neuf cent seize...
Et l'obus, en passant, hurlait,
Et le sol tanguait et roulait,
Et le bois des Caures croulait
    Dans la fournaise.

Le soir enfin, comme des loups,
Les Boches sortent de leurs trous
Et leur bande accourant vers nous
    Est signalée ;
Et Driant leur cria de loin :
« Vivant, gueux ! vous ne m'aurez point ! »
En s'élançant, fusil au poing,
    Dans la mêlée !

Qu'ils sont beaux les petits chasseurs :
C'est la phalange des meilleurs
Tireurs, grenadiers, mitrailleurs
  — Bientôt fauchée —
Qui, seule, tient tête aux « loups gris »
Sans nulle panique et sans cris...
N'ayant même plus ses abris
  Dans la tranchée.

Hélas! Hélas! le lendemain
A la faveur d'un coup de main
L'ennemi barre le chemin,
  Là, sur la crête :
Driant — dernier se retirant —
Fut aussi stoïque, aussi grand
Que Ney, jadis, et que Roland
  Dans la retraite!

Un tel chef ne sait pas ramper
Et daigne à peine se courber :
Une balle s'en vint frapper
  Sa tête altière;
Il se retourna d'un effort :
« Adieu, mes gâs! » dit-il encor
Et — face au Boche — il roula mort
  Dans la poussière!

   ***

Repose, calme et confiant :
La terre où tu dors — ô Driant ! —
Va, ne sera plus dans un an
    Terre allemande !...
Tes petits chasseurs — tes enfants —
Tes vengeurs, demain triomphants,
Avec toi mort, entrent, vivants,
    Dans la Légende !

(Aux Armées de Verdun).

Th. BOTREL.

Un ordre de la division, du 12 mai 1917, prouvant que les chasseurs à pied du colonel sont toujours fiers de se nommer : « les chasseurs de Driant ».

Au moment ou le 56ᵉ bataillon de chasseurs à pied quitte la division, le général tient à saluer cette belle troupe dont il était si justement fier.

Dans les héroïques combats du bois des Caures, dans notre offensive sur la Somme, partout les chasseurs de Driant ont fait preuve des brillantes et solides qualités qui distinguent les corps d'élite.

Soit à la tranchée, soit au cantonnement le général se plaisait à y visiter les chasseurs, du 56ᵉ qu'il trouvait toujours alertes, de belle humeur et de fière allure.

Ce n'est pas sans un vif regret qu'il les voit partir aujourd'hui. Persuadé qu'ils sauront, en toutes circonstances rester dignes de leur passé, de tout cœur il leur dit ! Adieu, et leur souhaite de trouver bientôt l'occasion de cueillir sur les champs de batailles de la victoire, de nouveaux lauriers.

*Le Général Commandant
la 72ᵉ division d'infanterie,*

Ferradini.

Driant et le Grand-Couronné

« La défense qu'on appelle le « Grand-Couronné » de Nancy n'est que la crête extrême du bassin parisien, une suite de falaises concentriques à la ville, reliées entre elles par des bois et lui faisant comme une couronne. D'où son nom. Il constitue à Nancy une position stratégique hors pair. Nancy est le point fort de frontières. Tête de pont à la fois sur la Moselle et la Meurthe, Nancy tient Metz en échec [1] ».

La mise en état de défense du Grand-Couronné se trouvait retardée par suite de circonstances dont l'examen dépasserait notre cadre, lorsqu'en 1905, un candidat, M. Louis Marin, fut élu dans la ville de Nancy sur ce simple et audacieux programme : « Nancy et sa zone environnante à l'abri d'une surprise militaire ». Arrivé à la Chambre, M. Marin s'assure d'utiles concours. Mais quelle fortune ce fut pour lui à la législature suivante de siéger à côté de Driant, député de Nancy comme lui. Celui-ci est élu depuis un an et demi à peine, quand le 26 novembre 1911 s'échange ce saisissant dialogue en séance publique :

Le rapporteur du budget de la guerre : Nombre de personnalités militaires estiment que Nancy doit

---

[1] Engerand. *La frontière de 1871 et l'esprit d'offensive.*

rester ville ouverte et que notre résistance est en arrière.

Il n'y a qu'un moyen de couvrir Nancy, *c'est de prendre l'offensive*.

Driant. La première offensive sera prise par notre adversaire. Il sera à Nancy au moment où l'on apprendra en France que l'invasion est déclenchée. Avec les quelques ouvrages que je demande, il serait arrêté pendant un temps suffisant pour permettre à nos troupes de se ressaisir et de prendre à leur tour l'offensive.

Driant obtint ce jour-là presque gain de cause. Mais c'est deux ans après seulement qu'il put sourire de la façon dont la chose se fit définitivement : « C'est parce que vous êtes un bon type qu'on vous a donné le Grand-Couronné », avait dit à M. Marin un collègue de la Commission du budget. Commencés en 1913, les travaux devaient être terminés en mai 1915, mais sous la pression énergique du général Foch, commandant le 20e corps, Nancy et sa zone, quand la guerre éclata, étaient à l'abri d'une surprise ennemie.

Driant et la Commission de l'Armée pendant la Guerre

Après s'être renseigné aux meilleures sources sur l'état de défense malheureusement identique au sein des secteurs voisins, Driant se demanda par quel moyen il ferait connaître le péril en haut lieu. Simple colonel, ne pouvant que procéder par voie hiérarchique et uniquement en ce qui touche son secteur, sera-t-il écouté ? Si on prend bonne note de ce qu'il aura dit, quand des paroles passera-t-on aux actes ? D'autre part, il se rappelle qu'en sa qualité de membre de la commission de l'armée, il peut saisir les pouvoirs publics de la question. Mais quelle contradiction entre cette initiative et ses idées connues sur l'ingérence politicienne dans les choses de l'armée ! A quelles railleries ne l'exposeront pas ses concessions au parlementarisme ? Driant eut le courage d'être inconséquent. Il partit pour Paris.

Et il fit bien.

« Son intervention, nous écrit un membre de la commission de l'armée, fut des plus significatives, surtout pour ceux de ses amis avec lesquels il s'était entretenu de ses craintes au sujet de l'attaque dont il nous savait menacés. »

Driant et le déclassement de Lille

Le déclassement, puis le démantèlement d'abord de l'enceinte fortifiée, puis de la place tout entière de Lille étaient demandés par cette ville. La question donna lieu à des négociations, puis à des conventions qui devaient être sanctionnées par des décrets ou par une loi, dont Driant demanda et obtint l'ajournement. Mais l'opinion des partisans de Lille, ville ouverte, prévalut d'autant mieux que les tenants de la stratégie offensive avaient gagné du terrain dans notre état-major depuis l'alliance russe. « Les véritables forteresses maintenant sont les poitrines humaines », déclarait-on couramment dans beaucoup de milieux militaires. Le Parlement passa outre aux suggestions du général Herment, grand ami de Driant et, comme lui, pressentant que Lille non défendu par sa citadelle avait de grandes chances d'être occupé. Driant vécut assez pour s'attrister de leur commune clairvoyance.

Driant et la Croix de guerre

Le 27 novembre 1914, Maurice Barrès demandait la création d'une nouvelle récompense militaire « quelque chose d'analogue à la croix de fer dont dispose l'Empereur pour récompenser le soldat sur le champ de bataille... »

Plus de dix articles insistant sur la nécessité « que celui qui se dévoue à la Patrie, reçoive d'elle un signe et que la France lui dise : Je te voyais dans ton sacrifice » — se suivirent.

Driant, alors commandant, écrivait à son ami :

« Si j'ai adopté avec tant de joie l'idée de votre médaille c'est qu'elle fournirait à nos chefs un incomparable levier pour donner à nouveau l'élan ».

Driant voulut bien se charger du rapport soumis à la Chambre en février 1915. Il écrivit une fort belle page à laquelle son nom, sa vaillance, son expérience, son rôle de combattant aux premières lignes, donnait une autorité irrésistible. La commission de l'armée se rangea à son avis à l'unanimité.

Voici le texte adopté par la Chambre et par le Sénat :

Il est créé une croix dite croix de guerre, destinée à commémorer depuis le début de la guerre de 1914 les citations individuelles à l'ordre de l'Armée des Corps d'armée, des Divisions, des Brigades et des Régiments.

*.

Nous voulons terminer ce livre en citant quelques passages d'une lettre, accompagnée d'un plan, que le Colonel écrivait à Madame Driant quatre mois avant sa mort. Cette lettre achèvera de nous éclairer sur le noble et énergique caractère de cette grande figure de soldat :

Si je reste en Woëvre le lieutenant-colonel Bergot du 362° qui est le meilleur des amis, m'a promis de *tout faire* pour me rapporter au cimetière de Vacherauville. C'est donc là que tu me retrouverais...... Après la guerre tu disposerais de moi comme tu le désirerais, mais n'ayant pas de lieu de repos de préférence, à Laferté près de maman, ou à Paris près de la tienne, je te demande, si tu n'as pas d'autre volonté de me laisser près des frères d'armes que j'ai vu tomber, a qui j'ai dit adieu, et à l'ombre de la Croix béni par le Père de Martimprey pour lequel j'ai une si profonde affection. Je me suis toujours arrêté en passant auprès de cette croix, j'y ai prié, pensé à vous tous. C'est ma meilleure place...

TABLE DES MATIÈRES

CHAPITRE PREMIER

Pages

L'enfance. — Le Grand'père qui a vu le Grand homme. — Le lycée de Reims. — *Intelligent mais dissipé.* — La réception à Saint-Cyr. — *Les ciseaux du coiffeur.* — Les brimades des anciens. — La salade de bottes. — Le « melon » dans la salle d'études. — Sorti de Saint-Cyr comme sergent-major......... 5

CHAPITRE II

Sous-lieutenant à Compiègne (1877). — Le fantassin français dans le passé et dans le présent. — Les débuts dans le métier avec le service de cinq ans. — Lieutenant au 43ᵉ d'infanterie en 1893. — Au pays des Khroumirs. — Ce que pensent de lui le général Schmitz et le gouverneur militaire dont il sera l'officier d'ordonnance........................ 15

CHAPITRE III

La carrière de Boulanger passée en revue par son officier d'ordonnance. — Ce qu'ils se disent dans l'Enfida. — La dépêche de M. de Freycinet, président du Conseil............................. 23

CHAPITRE IV

La journée de Driant, officier d'ordonnance du ministre de la Guerre. — Boulanger devant les pouvoirs publics. — La conquête graduelle de Paris. — L'affaire Schnœbebé. — Boulanger envoyé au XIII⁰ corps.   27

CHAPITRE V

Driant aux zouaves à Tunis. — Comment, après le le drame d'Ixelles, il juge le général Boulanger. — On pense à s'installer à Tunis. — Il travaille à ses romans militaires..................................   41

CHAPITRE VI

Instructeur à Saint-Cyr. — La curiosité des élèves. — Dans la grande Cour carrée. — L'enseignement technique, le dressage du fantassin, causeries familières. — Dans la salle de l'amphithéâtre ; leçons sur les devoirs de l'officier, l'esprit de discipline, le tact ; la corde héroïque et la corde sensible : Comment l'officier doit se conduire hors du service. — De quelle façon Driant est jugé par les autres instructeurs et par les élèves.......................   53

CHAPITRE VII

Il est major au 4ᵉ zouaves à Tunis. — La villa Marie-Térèse. — Il voit les Anglais à Malte. — Ce que pense de lui un adjudant de son régiment. — Un théâtre de zouaves à Tunis. — Driant poète : *Les deux Drapeaux*. — Le zouave d'hier et le zouave d'aujourd'hui..................................   65

CHAPITRE VIII

Pages

Au 69°, à Nancy. — Commandant du 1er bataillon de chasseurs à pied, à Troyes. — L'historique des chasseurs à pied. — Driant est félicité à la suite des grandes manœuvres de 1899, mais n'est pas porté au tableau d'avancement par Galliffet — 1900. Il n'est pas porté davantage par André. — Sa conduite courageuse devant un fou furieux — 1901. — Il n'est porté au tableau ni en 1901, ni en 1902 par le général André. Même ostracisme de la part du ministre Berteaux. — L'affaire de Bar-sur-Seine. — Ses notes parues dans l'*Eclair*. — Sidi Brahim et la dénonciation de la *Lanterne*. — La mesure est comble.. 77

CHAPIRTE IX

Un duel. — La candidature à Pontoise. — Journaliste et romancier. — Il va aux manœuvres allemandes en Silésie. Visées électorales. — On lui offre une candidature à Nancy. — Son élection............. 111

CHAPITRE X

1910-1914. — Son assiduité à la Chambre. — Ses premiers discours. — Séances ardentes. — La loi des cadres. — La loi de trois ans. — Ses conférences au dehors. — Sa réélection....................... 123

CHAPITRE XI

1914. — Réélection triomphale. — Horizon de guerre. — Les angoisses de Driant. — Le crime de Serajevo. — C'est la guerre. — La mobilisation. — Driant est envoyé à Verdun...................................... 135

CHAPITRE XII

Driant au front de Verdun. — Notes d'un témoin sur lui. — Il commande deux bataillons de chasseurs. — Lettres à Madame Driant et à des amis. — Ordres du jour.. 143

CHAPITRE XIII

Le bois des Caures. — Les journées des 21 et 22 février. — Le bois est tourné; on bat en retraite. — La mort de Driant. — L'incertitude sur son sort. — La lettre de la baronne Schroter. — Éloges funèbres. — Les hommages. — Les fanfares des 56ᵉ et 59ᵉ bataillons. — Le monument de Vacherauville.. 197

CHAPITRE XIV

Ce que ses hommes ont pensé de lui. — La citation décernée à « la muraille de Verdun ». — Les hommages religieux. — La fanfare de Driant. — Le monument de Vacherauville........................ 213

CHAPITRE XV

Driant songe à l'Académie. — Ses principaux romans militaires. — Ses vues prophétiques sur les armées de l'avenir.. 227

CHAPITRE XVI

Si la carrière de Driant n'avait pas été brisée ? — Ne le plaignons pas! Mort, il continue!................. 237

APPENDICE

Le dossier militaire de Driant..................... 243

Paris. — Imp. Levé, 17, rue Cassette. — S. 9-18.

www.ingramcontent.com/pod-product-compliance
Lightning Source LLC
Chambersburg PA
CBHW050338170426
43200CB00009BA/1645